LAUPHEIMER GESPRÄCHE 2013

Haus der Geschichte Baden-Württemberg
Urbansplatz 2 · 70182 Stuttgart
Tel.: 0711 / 212-39 50 · Fax: 0711 / 212-39 59
E-Mail: hdg@hdgbw.de · www.hdgbw.de

Besucherdienst Tel.: 0711 / 212-39 89
E-Mail: besucherdienst@hdgbw.de

**Der vorliegende Band wurde gedruckt
mit freundlicher Unterstützung der**

 Stiftung BC – gemeinsam
für eine bessere Zukunft
Kreissparkasse Biberach

Bibliografische Information der Deutschen Nationalbibliothek
Die Deutsche Nationalbibliothek verzeichnet diese Publikation
in der Deutschen Nationalbibliografie;
detaillierte bibliografische Daten sind im Internet
über http://dnb.d-nb.de abrufbar.

„Hoffet mit daheim auf fröhlichere Zeit"
– Juden und Christen im Ersten Weltkrieg
Herausgeber: Haus der Geschichte Baden-Württemberg
1. Auflage, Heidelberg 2014 (Laupheimer Gespräche)

Redaktion: Dr. Irene Pill, www.irenepill.com
Reihengestaltung und Layout: Anja Harms, Oberursel
www.anja-harms.de

ISBN 978-3-8253-6304-8

Den Verlag erreichen Sie im Internet unter:
www.winter-verlag.de

LAUPHEIMER GESPRÄCHE

HERAUSGEGEBEN VOM HAUS DER GESCHICHTE BADEN-WÜRTTEMBERG

»HOFFET MIT DAHEIM AUF FRÖHLICHERE ZEIT«

JUDEN UND CHRISTEN IM ERSTEN WELTKRIEG

INHALT

THOMAS SCHNABEL, STUTTGART

VORWORT

Der Erste Weltkrieg, an dessen Ausbruch vor 100 Jahren wir 2014 in vielfältiger Weise erinnern, war auch für das deutsch-jüdische Verhältnis von ausschlaggebender Bedeutung. Er war nicht nur die „Urkatastrophe des 20. Jahrhunderts" (George F. Kennan), sondern ebenfalls Höhepunkt und Wende einer hundertjährigen Assimilation der jüdischen Deutschen. Sie glaubten durch ihren Einsatz an der Front und in der Heimat als vollwertige Deutsche anerkannt zu werden und am Ende des Kriegs, nach Niederlage und Revolution standen sie schlechter da als vor dem Krieg.

Jüdische Badener und Württemberger meldeten sich 1914 wie viele ihrer christlichen Altersgenossen freiwillig und häufig begeistert zu den Waffen. Dazu zählte auch der jüdisch-badische SPD-Reichstagsabgeordnete Ludwig Frank, der aufgrund seiner Parlamentszugehörigkeit überhaupt nicht eingezogen worden wäre und bereits nach wenigen Wochen umkam.

Trotz dieses Engagements kam es zu der im folgenden Band zurecht besonders hervorgehobenen sogenannten „Judenzählung" im deutschen Heer, die 1916 mit durchaus problematischen Methoden erhob, wie hoch der Anteil der jüdischen Deutschen an der Front und in der Etappe war. Obwohl die Zählung, die man weder für Protestanten oder Katholiken, noch für Preußen, Sachsen, Bayern, Badenern oder Württembergern vorgenommen hatte, für die jüdischen Deutschen positive Ergebnisse gebracht hatte, wurde sie nicht veröffentlicht und ihre Ergebnisse, vor allem nach der Kriegsniederlage, wurden von rechten Hetzern ins Gegenteil verdreht.

Allerdings würde der jüdisch-deutsche Beitrag zum Weltkrieg unterschätzt werden, wenn man nur an die Front blicken würde. Deutschland war weder industriell noch ernährungswirtschaftlich auf einen längeren Krieg mit einer englischen Seeblockade vorbereitet. Auf Reichsebene trug, um lediglich ein prominentes Beispiel zu nennen, Walther Rathenau mit der Schaffung des Rohstoffamtes im Kriegsministerium ganz maßgeblich dazu bei, dass die deutsche Kriegswirtschaft nicht bereits in den ersten Monaten des Kampfes kollabierte. In einem Vortrag Ende 1915 über „Deutschlands Rohstoffversorgung" dankte er am Ende drei preußischen Kriegsministern für ihr unverbrüchliches Vertrauen. „Auch in diesem Vertrauen liegt Genialität, und zwar sittliche Genialität. Dieses Vertrauen wäre in einem andern Land schwer zu finden und schwerer zu rechtfertigen. Abermals ist es ein Ruhm des deutschen und auch des preußischen Systems, daß ein solches menschliches Verhältnis zur Vollendung wirtschaftlicher Evolutionen und zur Abwendung gemeinsamer Gefahren geschenkt und empfangen werden konnte." Wenige Jahre später war von diesem Vertrauen nichts mehr übrig und Walter Rathenau wurde das Opfer nationalistischer Mörder.

Auf regionaler Ebene spielte der Stuttgarter Fritz Elsas, der 1945 von den Nationalsozialisten ermordet wurde, eine wichtige Rolle. Zu Beginn des Ersten Weltkriegs herrschte in der Nahrungsmittelversorgung großes Chaos, da man nur mit einer kurzen Kriegsdauer gerechnet hatte und die Ministerien sich nur schwer den neuen Erfordernissen anpassen konnten. Elsas hatte deshalb mit Kollegen zusammen schon Ende 1914/Anfang 1915 eine Denkschrift über eine einheitliche Organisation der gesamten Getreidewirtschaft erarbeitet. Sie erregte, wie Elsas in seinen Erinnerungen schrieb, außerordentliches Aufsehen, da in ihr zum ersten Mal von privatwirtschaftlicher Seite der Gedanke einer planwirtschaftlichen Tätigkeit auf dem Gebiet der Versorgung der Bevölkerung mit dem wichtigsten Nahrungsmittel ganz offen und unverhüllt ausgesprochen wurde.

Elsas gelang es in den folgenden Jahren, seine Vorstellungen erfolgreich umzusetzen. So galt die Lebensmittelversorgung der Stadt Stuttgart als die beste unter allen Städten vergleichbarer Größe im gesamten Reich. „Dr. Elsas hat es", wie es 1919 in einem Rückblick auf diese Tätigkeit im Stuttgarter Neuen Tagblatt hieß, „trotz seiner Jugendlichkeit, die ihm anfangs zuweilen vorgeworfen wurde, verstanden, das ihm entgegengebrachte Mißtrauen zu brechen und die städtische Versorgung unter recht großen Schwierigkeiten in geordnete Bahnen zu lenken."

Als Ende 1920 Sondierungen darüber einsetzten, wie hoch die Chancen von Fritz Elsas bei einer Kandidatur zur Stuttgarter Oberbürgermeisterwahl im darauffolgenden Jahr waren, gab es auch ein Gespräch mit dem Vorsitzenden der Bürgerpartei Wilhelm Bazille, dem württembergischen Ableger der republikfeindlichen Deutschnationalen Volkspartei. Dabei bezeichnete der spätere württembergische Staatspräsident den möglichen Kandidaten Elsas „zweifellos als sehr tüchtigen Mann", aber „an seinem Namen nehmen wir Anstoß".

Eine aus heutiger Sicht besonders tragische Figur war der jüdisch-deutsche Chemiker Fritz Haber, der von 1894 bis 1911 an der TH Karlsruhe forschte und lehrte. Er entwickelte maßgeblich das Verfahren zur synthetischen Herstellung von Ammoniak. Damit war Deutschland in der Lage, Sprengstoff unabhängig von chilenischem Salpeter zu produzieren und konnte aus diesem Grund den Krieg so lange durchhalten. Durch seine Forschungen zu Phosgen und Chlorgas wurde er zum „Vater der deutschen Giftgaswaffen". Seine Frau, die promovierte Chemikerin Clara Immerwahr, erschoss sich nach dem ersten erfolgreichen Einsatz von Giftgas bei Ypern, was jedoch ihren Mann von seinem weiteren Einsatz nicht abhielt. Eine Folge seiner Forschungen war auch die Entwicklung von Zyklon B, das später in Auschwitz zur Ermordung der europäischen Juden eingesetzt wurde.

Seine Verdienste um Deutschland bewahrten Haber indes nicht vor Diskriminierung und Vertreibung 1933. Anfang Mai 1933 schrieb er an Richard Willstätter, dem in Karlsruhe geborenen Chemiker und Nobelpreisträger von 1915, der bereits in den zwanziger Jahren seine Professur in München wegen antisemitischer Strömungen aufgegeben hatte, voller Verbitterung: „Ich bin so bitter wie nie zuvor ... ich bin in einem Maße deutsch gewesen, das ich erst jetzt voll empfinde und ich fühle eine unerhörte Widerwärtigkeit darin, dass ich nicht mehr genug arbeiten kann, um mich eines neuen Amts in einem anderen Land zu getrauen ... Aus dem ganzen Kreise der I.G. Farben hat sich Niemand gefunden, der mich anlässlich meines Abschiedsgesuchs angesprochen, angeschrieben oder besucht hätte."

Richard Willstätter hatte im Herbst 1915 den Filter für die Gasmasken entwickelt, der den Filtern der westlichen Alliierten technisch überlegen war. Im Februar 1917 sprach ihm dafür der preußische Kriegsminister den Dank der Heeresverwaltung aus, „für die ebenso wertvolle wie uneigennützige Hilfe ..., die Sie durch Ihre Mitarbeit bei der Ausrüstung des Heeres geleistet haben". Dieser große Einsatz für Deutschland nützte freilich nichts. Der Antisemitismus schwoll, wie Willstätter in seinen Erinnerungen schrieb, „wenn auch langsam, infolge des unglücklichen Kriegsverlaufs zu einem starken Strom an". Willstätter selbst gelang es 1939 unter dramatischen Umständen, Deutschland noch rechtzeitig zu verlassen. Er starb 1942 in der Schweiz.

Ein weiteres Phänomen ist bemerkenswert. Die sogenannten „Ostjuden" im zaristischen Herrschaftsbereich empfanden die deutschen Truppen im Ersten Weltkrieg als Befreier, da sie immer wieder unter Pogromen und Diskriminierung zu leiden gehabt hatten. 25 Jahre später brachten Wehrmacht und SS, Einsatzgruppen und Polizeibataillone millionenfachen Tod und löschten das Ostjudentum praktisch aus.

Aber auch in Deutschland selbst setzte bereits während des Kriegs die alldeutsche Hetze ein, wie zum Beispiel in der Monatsschrift „Deutschlands Erneuerung". Dort konnte man schon im September 1918 lesen: „Das Geschrei der Juden über Unterdrückung ist längst zur Ironie geworden; in Wahrheit sind heute sie die Unterdrücker; ja sie genießen Vorrechte und Vergünstigungen in ungewöhnlichem Maße." Und kurz nach Kriegsende, im Dezember 1918, stand im selben Schmähblatt: „Die jüdische Rasse ist ohne Zweifel mehr für das Verteilen dessen, was andere schaffen, als für das Schaffen selbst veranlagt, und es ist daher keineswegs lediglich Schützlingswirtschaft und Flucht vor dem Schützengraben, was die Anhäufung des Judentums in den Kriegsgesellschaften verursacht, sondern, wie gesagt, natürliche Auslese." Bevor das eigene Scheitern eingestanden wurde, gab man ‚fremden Mächten', wie *dem* Judentum die Schuld an der Niederlage – ohne sich mit Fakten oder Begründungen aufzuhalten. Es führt kein direkter Weg von hier nach Auschwitz, aber zahlreiche Hinweisschilder gab es längst.

Auch diesen Band haben wir, wie schon die früheren Tagungen, der außergewöhnlichen und so überaus erfreulichen Zusammenarbeit mit der Stiftung „Gemeinsam für eine bessere Zukunft" der Kreissparkasse Biberach zu verdanken. Dies ist nicht selbstverständlich, und wir sind sehr froh darüber. Dr. Irene Pill hat mit großem Einsatz und Wissen die Tagung vorbereitet sowie mit nachdrücklichem Charme und viel Arbeit das wiederum pünktliche Erscheinen dieses Tagungsbandes ermöglicht. Anja Harms gab auch diesem Band sein unverkennbar schönes Gesicht. Thomas Kärcher hat sich erneut der Mühe mit den Registern unterzogen. Diesem eingespielten und zuverlässigen Team danke ich sehr herzlich, ebenso allen Mitarbeiterinnen und Mitarbeitern von Kulturhaus und Museum in Laupheim, die zusammen mit den Kolleginnen und Kollegen im Haus der Geschichte Baden-Württemberg alljährlich ganz wesentlich zum Erfolg und der besonderen Atmosphäre der Laupheimer Gespräche beitragen.

Dr. Thomas Schnabel
Leiter des Hauses der Geschichte Baden-Württemberg

PAULA LUTUM-LENGER, STUTTGART

EINFÜHRUNG

Christen und Juden eilten 1914 gleichermaßen zu den Fahnen, um das Vaterland zu verteidigen. Bei Ausbruch des Kriegs rief der Kaiser zu Einigkeit auf. Am 4. August 1914 erklärte Wilhelm II. im Berliner Schloss vor den Reichstagsabgeordneten: „Ich kenne keine Parteien mehr, ich kenne nur Deutsche, und zum Zeugnis dessen, dass sie fest entschlossen sind, ohne Parteiunterschiede, ohne Standes- und Konfessionsunterschiede zusammen(zu)halten, mit mir durch dick und dünn zu gehen, durch Not und Tod zu gehen, fordere ich die Vorstände der Parteien auf, vorzutreten und mir dies in die Hand zu geloben." Ein Versöhnungsangebot, das zwar nicht speziell an die Juden gerichtet war, aber bei ihnen Begeisterung weckte. Für alle Juden unabhängig von ihrer politischen Überzeugung und religiösen Richtung bot der Krieg die Hoffnung, die Einheit der deutschen Nation werde endlich auch sie einschließen und ihnen Gelegenheit geben, ihre Ergebenheit und Loyalität für die deutsche Sache unter Beweis zu stellen. Weitgehend in ihr Land integriert, betrachteten die jüdischen Deutschen ihre Teilnahme am Krieg als etwas Selbstverständliches, und sie begrüßten die Gelegenheit, sich vor denjenigen, die daran noch immer zweifelten, als patriotische Deutsche zu erweisen.

Die Kriegsbegeisterung, die alle Deutsche gleich welcher Konfession, Partei und Geisteshaltung zu einer nationalen Einheit zusammengeschweißt zu haben schien, verschwand in dem Maße, wie der Krieg andauerte und der Schrecken des Kriegs auf die Menschen zu wirken begann. Die Feindseligkeit gegen Juden wuchs, und nach militärischen Rückschlägen entstand eine offen judenfeindliche Stimmung. Der „Geist von 1914" war verflogen.

Das deutlichste Signal kam von dem Zentrumsabgeordneten Matthias Erzberger, der ein gutes Gespür für den Umschwung der öffentlichen Stimmung besaß. Im Oktober 1916 forderten er und vier andere Abgeordnete seiner Partei: Die „Kommission möge beschließen! Den Herrn Reichskanzler zu ersuchen, dem Reichstag alsbald eine eingehende Übersicht über das gesamte Personal aller Kriegsgesellschaften zu unterbreiten und zwar getrennt nach Geschlecht, militärpflichtigem Alter, Bezügen, Konfession."[1] Der Antrag wurde von den Konservativen und den National-Liberalen unterstützt, die Sozialdemokraten und die Liberalen sprachen dagegen. Aber Erzberger hatte einmal mehr erfolgreich Einfluss auf die öffentliche Meinung ausgeübt. Mit seiner Argumentation im Hauptausschuss nahm er direkt die verbreiteten antisemitischen Vor- und Unterstellungen auf. „Im Lande werde behauptet", so begründet Erzberger die Fragen nach der Konfession, „dass die jüdische Bevölkerung in den Kriegsgesellschaften in einer Art überwiege, dass die Parität schwer verletzt werde. Darüber müsse Klarheit geschaffen werden."[2]

Reichskanzler v. Bethmann Hollweg wandte sich gegen dieses diskriminierende Vorhaben, aber bereits einige Tage zuvor hatte das Kriegsministerium eine Erhebung „aller beim Heere befindlichen wehrpflichtigen Juden" angeordnet. Durch diese sogenannte „Judenzählung" am 1. November 1916 wurden die deutschen Juden in einmaliger Weise erneut diskriminiert und ausgegrenzt. „Mir ist als hätte ich eben eine Ohrfeige erhalten", meinte Georg Mayer, zwei Monate bevor er im Kampf fiel. Sein württembergischer Kamerad Julius Marx vermerkte verwundert in seinem Tagebuch am 3. November 1916: „Morgens musste ich wieder in die vorderste Linie mit Munition und allen möglichen Baumaterialien. Dabei wurde mir zum ersten Mal bewusst, dass ich, ein Jude, an der Spitze von dreißig Mann durchs Feuer marschierte, und ich wunderte mich, dass die Leute dem „Gezählten" nicht den Gehorsam verweigerten."[3] Die soziale Integration als Deutsche jüdischen Glaubens hatte sich als unerfüllte Hoffnung erwiesen.

Ernst Schäll hat die Zeugnisse zur Geschichte der Laupheimer Soldaten jüdischen Glaubens im Ersten Weltkrieg in einem Beitrag für die Schwäbische Heimat zusammengetragen. Er hat das von Jonas Weil, dem letzten Vorsteher der Laupheimer Judengemeinde, 1919 erstellte Verzeichnis von Kriegsteilnehmern der israelitischen Gemeinde Laupheims ausgewertet.

Dieses Buch – ein einzigartiges Dokument – kann im Museum zur Geschichte von Christen und Juden in Laupheim angeschaut werden. Jedem Soldaten ist ein Erinnerungsblatt gewidmet. Für jeden Soldaten sind sämtliche Beteiligungen am Kriegsgeschehen zwischen „Eingerückt" und „Entlassen" detailliert aufgeführt. Von 82 Kriegsteilnehmern jüdischen Glaubens blieben neun im Krieg. Ein junger Laupheimer Unteroffizier, Benno Nördlinger, der an zwölf Schlachten teilnahm, beklagt sich in der Dokumentation über seine Benachteiligung mit dem Hinweis: „Wurde wegen Antisemitismus des Regimentskommandeurs Mayor Hartenstein vom Reserve Feldartillerie 26 nicht weiterbefördert."[4]

Die meisten Laupheimer – Christen und Juden – wurden mit dem XIII. Königlich-Württembergischen Armeekorps an der Westfront eingesetzt. Während die Soldaten an der Front ein bis dahin unvorstellbares Inferno erlebten, litten auch die Angehörigen in der Heimat unter der schwierigen Ernährungslage. Schon bald nach Kriegsbeginn wurde im Laupheimer Bezirkskrankenhaus ein Lazarett für Verwundete eingerichtet. Rebekka Treitel, die Frau des Laupheimer Rabbiners, engagierte sich bei der Pflege von Kranken. Für diese ehrenamtliche Tätigkeit wurde ihr vom württembergischen König Wilhelm II. das Charlottenkreuz verliehen.

Ruth Steiner gründete eine Rot-Kreuz-Gruppe und betreute auch die im Schloss Großlaupheim untergebrachten Kriegsverwundeten. Viele Frauen in Laupheim meldeten sich freiwillig zur Krankenpflege.

Der Laupheimer Rabbiner Dr. Leopold Treitel, dessen drei Söhne ebenfalls im Krieg waren, hielt zu allen Soldaten seiner Gemeinde Verbindung. So schickte er Festgrüße zu Chanukka und zum jüdischen Neujahrfest. Aus dem „Chanukka-Gruss für unsere Feldgrauen draussen" stammt der Titel für unser Symposion 2013. Die letzte Strophe seines Festtagsgrußes zum Lichterfest 1916 lautet:

„Hoffet mit daheim auf fröhlichere Zeit,
Sie kommt, sie kommt auf's Neue,
Da nicht mehr von Hass die Menschheit entzweit,
Wir denken Eurer in Lieb & Treue."[5]

Seine Hoffnung hat sich nicht erfüllt. Und um besser zu verstehen, warum das so war, haben wir renommierte, kompetente Vortragende eingeladen. Sie kommen aus unterschiedlichen Disziplinen: der Geschichte, der Romanistik und Germanistik, der Literaturwissenschaft, der Soziologie, der Kunstgeschichte, und sie sind am 6. Juni 2013 aus Palermo, Detroit, Berlin und Stuttgart nach Laupheim gekommen. Ich freue mich sehr, dass sie sich mit ihren Beiträgen an unserem Symposion in Laupheim beteiligt haben.

Für die Moderation haben wir eine ausgewiesene Kennerin Oberschwabens und der christlich-jüdischen Beziehungsgeschichte gewonnen: Dr. Andrea Hoffmann hat durch die Tagung geführt.

Abschließend bleibt mir noch, mich herzlich bei der Stadt Laupheim zu bedanken für die Gastfreundschaft und die tatkräftige Unterstützung dieses Symposions. Der Sparkasse Biberach danken wir auch in diesem Jahr für die großzügige finanzielle Unterstützung. Frau Dr. Irene Pill danke ich für die wissenschaftliche Vorbereitung der Laupheimer Gespräche und die immer sehr angenehme Zusammenarbeit.

Ihnen, meine Damen und Herren, danke ich sehr herzlich für Ihr Interesse und wünsche Ihnen anregende und interessante Laupheimer Gespräche.

Prof. Dr. Paula Lutum-Lenger
Stellvertretende Leiterin
des Hauses der Geschichte Baden-Württemberg

GERHARD HIRSCHFELD, STUTTGART

DAS HISTORISCHE ERBE
DES ERSTEN WELTKRIEGS
IM 20. JAHRHUNDERT

Bereits die Zeitgenossen sprachen vom „Großen Krieg" (La Grande Guerre, The Great War, De Groote Oorlog). Was aber ließ diesen Krieg „groß" werden – die entsetzlichen Verluste an Menschenleben, der Einsatz immer neuer und schrecklicher Waffen, die Anwendungsweisen der Propaganda, eine zunehmend totale Kriegführung?

Der Beitrag erörtert den Charakter dieses ersten industrialisierten Massenkriegs und seine Bedeutung für das nachfolgende „Zeitalter der Extreme" (Eric Hobsbawm). Zugleich fragt er nach der Hinterlassenschaft des Ersten Weltkriegs in der Ideologie und Politik des Dritten Reichs und deutet die Instrumentalisierung des deutschen Weltkriegsgedächtnisses im Kontext des Zweiten Weltkriegs.

Wenn heutzutage in einer gelehrten Abhandlung vom Ersten Weltkrieg die Rede ist, dann fällt bestimmt irgendwann das Wort von der „Urkatastrophe des 20. Jahrhunderts" („the great seminal catastrophe"). Dieser inzwischen durch allzu häufige Wiederholung abgenutzte Begriff geht auf den US-amerikanischen Historiker und Diplomaten George F. Kennan zurück („The Decline of Bismarck's European Order", 1979). Kennan sah im Krieg von 1914-1918 bereits den „Samen" („semen") angelegt für die Zerstörung der bürgerlichen Welt und ihrer überkommenen Ordnungsvorstellungen seit den 1920er-Jahren wie insbesondere auch für die Katastrophe des nachfolgenden, noch weitaus schrecklicheren Weltkriegs.

Seit einiger Zeit hat sich zu der „Urkatastrophe" ein weiterer Begriff hinzugesellt: jener vom „zweiten Dreißigjährigen Krieg", der 1914 begonnen hat und 1945 endete. Als Urheber des Epochenbegriffs vom „zweiten Dreißigjährigen Krieg" gilt der französische Staatspräsident General Charles de Gaulle, der diese Formulierung wiederholt in seinen Reden und

Schriften während der Londoner Exilzeit verwandte; der französische Politikwissenschaftler und Publizist Raymond Aron sorgte für die weitere Verbreitung. Allerdings gehörte der Topos von einem neuen „Dreißigjährigen Krieg" bereits seit der Mitte des 19. Jahrhunderts zur Schreckensvision künftiger Kriege in Europa: Er findet sich bei dem deutschen Philosophen Karl Marx (in einem Artikel von 1858 für die „New York Daily Tribune") ebenso wie später auch bei seinem revolutionären Unternehmerfreund Friedrich Engels, der ungewöhnlich hellsichtig bereits 1887 von einem kommenden „Weltkrieg" sprach, mit „Verwüstungen des Dreißigjährigen Krieges zusammengedrängt in drei bis vier Jahre und über den ganzen Kontinent verbreitet". Und noch einige Jahre später warnte der greise preußisch-deutsche Generalfeldmarschall Helmuth von Moltke (der Ältere) vor einem kommenden „Volkskrieg": „Es kann ein siebenjähriger, es kann ein dreißigjähriger Krieg werden, – und wehe dem, der Europa in Brand steckt, der zuerst die Lunte in das Pulverfass schleudert!"

Beide Begriffe, der von der „Urkatastrophe" wie der von einem „zweiten Dreißigjährigen Krieg" weisen aber auf den gleichen Sachverhalt hin: Der Erste Weltkrieg zeitigte Folgen und Konsequenzen, die für die Geschichte des 20. Jahrhunderts außerordentlich und wegweisend waren. Das ist das Thema dieses Beitrags: Er fragt nach dem Charakter des Kriegs von 1914-1918 und nach jenen Ereignissen und Eigenschaften, die ihn als zukunftsträchtig ausweisen sowie schließlich nach den besonderen Verbindungen zwischen den beiden Weltkriegen. Daran, dass der Verlauf und Ausgang des Ersten Weltkriegs die Geschichte Europas und der übrigen Welt in entscheidendem Maße geprägt hat, besteht kein vernünftiger Zweifel. Der Weltkrieg führte zum Untergang von vier imperialen Großreichen – des Deutschen Kaiserreichs, des Russischen Reichs, Österreich-Ungarns sowie des Osmanischen Reichs – und er bahnte den USA den Weg zur Weltmacht. Er löste die Russische Revolution aus und wurde so zum Geburtshelfer der Sowjetunion. Weder der Aufstieg des italienischen Faschismus noch der des deutschen Nationalsozialismus wären ohne den Ersten Weltkrieg denkbar. Auch vermochte der Krieg nicht die bereits lange vor 1914 anstehenden Konflikte auf dem Balkan zu beseitigen – im Gegenteil: Er verschärfte sie noch. Zudem bescherte sein Ausgang der Welt im Nahen

Osten neue, teilweise bis heute ungelöste Probleme. All dieses gehört mittlerweile zum Grundwissen der Geschichte des 20. Jahrhunderts, erklärt jedoch nicht das Ursächliche und Wegweisende des Weltkriegs, den schon die Zeitgenossen als den „Großen Krieg" bezeichneten: „The Great War", „La Grande Guerre", „De Groote Oorlog", „Velikaja Vojna".

Was diesen Krieg bereits in den Augen der Mitlebenden „groß" werden ließ, war die Tatsache, dass der Erste Weltkrieg ein „industrialisierter Massenkrieg" war, in welchem individuelle Opfer millionenfach gefordert und scheinbar bereitwillig entrichtet wurden. Allein der Kriegsanfang im August/September 1914 mit seinen ungemein blutigen „Grenzschlachten" an den elsässischen und lothringischen Fronten brachte höhere Verluste an Soldaten als der gesamte Deutsch-Französische Krieg von 1870/71. Die Soldaten des Weltkriegs wurden immer stärker zu Menschenopfern eines industrialisierten Kriegs, in dem der mechanisierte Tod sie ergriff wie in einem „Menschenschlachthaus". Das Wort „Menschenschlachthaus" stammt von Wilhelm Lamszus, einem Hamburger Volksschullehrer und Schriftsteller, der bereits 1912 – also zwei Jahre vor dem Ausbruch des Kriegs – mit großer Eindringlichkeit den Schrecken, das Ausmaß und die Brutalität eines kommenden Kriegs beschrieb und ihn damit bereits literarisch vorwegnahm.

Von den zwischen August 1914 und November 1918 weltweit eingesetzten mehr als 60 Millionen Soldaten verloren über 9 Millionen ihr Leben. Auf den Tag umgerechnet waren dies ca. 6000 Soldaten, das heißt: Alle 15 Sekunden starb ein Soldat. Etwa 15 Millionen Soldaten wurden verwundet: Manche hatten die Folgen der Verwundung ein ganzes Leben zu tragen, für die meisten von ihnen verkürzte sich dadurch die Lebenserwartung erheblich. Der Tod von 12 Prozent sämtlicher aktiver britischer Soldaten, von 15 Prozent aller deutschen und von 16 Prozent aller französischen Soldaten rechtfertigt in jedem Falle die Verwendung der Begriffe „Massentod" und „Massensterben". Die Soldaten fielen nicht allein in den großen Schlachten an der Westfront – in Flandern, vor Verdun und an der Somme –, dort, wo oftmals für nur wenige Kilometer Bodengewinn Hunderttausende ihr Leben lassen mussten. Auch im Osten Europas, auf dem Balkan, in den Alpen, im Vorderen Orient – sogar in Afrika und Asien –

wütete dieser Krieg und kostete zahllose Menschenleben. Der Erste Weltkrieg war im wahrsten Sinne des Wortes ein *globales* Ereignis.

Doch gestorben wurde nicht nur an den militärischen Fronten des Kriegs. Unter der Zivilbevölkerung forderte der Erste Weltkrieg ebenfalls unermessliche Opfer: als Ergebnis unmittelbarer kriegerischer Einwirkungen, als Folge von Hunger und Epidemien, als Ziel völkermörderischer Vertreibungen. Hierzu gehören auch die im Osmanischen Reich während des Weltkriegs verübten, von der Regierung der Jungtürken veranlassten oder sanktionierten Deportationen und Massakern an den Armeniern, die durchaus einem Völkermord entsprechen – obgleich die Begriffe „Völkermord" oder „Genozid" politisch weiterhin umstritten sind. Doch anders als bei den gefallenen Soldaten, wo die staatlichen Mobilmachungsakten und Gefallenenlisten einigermaßen zuverlässige Angaben liefern, lässt sich die Zahl der zivilen Toten des Weltkriegs weder damals noch heute genau bestimmen. Hier sind Historiker wie Demographen auf Annäherungswerte bzw. auf Schätzungen angewiesen. Die Zahl von etwa 6 Millionen im Verlauf des Weltkriegs getöteter Zivilisten, die wir in unserer „Enzyklopädie Erster Weltkrieg" nennen, gilt zwar als einigermaßen gesichert, doch dürfte sie eher zu niedrig sein. Dies zeigt schon der Blick auf Russland, wo die Trennung zwischen den zivilen Opfern als Folge des Kriegs und den Opfern von Revolution und Bürgerkrieg in der Zivilbevölkerung nach 1917 kaum möglich ist. Der Hungerwinter von 1916/17, der hierzulande eher euphemistisch als „Steckrüben-" oder „Kohlrübenwinter" bekannt ist, forderte in Deutschland und dem verbündeten Österreich-Ungarn Hunderttausende von Menschenleben, insbesondere aus den ärmeren Bevölkerungsschichten. Waren es 1917 vor allem die Älteren, die den Hungertod starben, so raffte die Grippeepidemie, die sogenannte „Spanische Influenza", seit dem Sommer 1918 Menschen aller Altersgruppen und in allen Nationen hin, deren körperliches Immunsystem durch den Krieg und seine Begleitumstände geschwächt war. Weltweit wird die Zahl der Opfer dieser Pandemie auf mehr als 35 Millionen geschätzt, wobei natürlich vollkommen ungesichert ist, wie viele davon auf den Krieg selbst zurückgehen.

Doch kehren wir zu den Soldaten und dem Sterben auf den Schlachtfeldern zurück. Die zu Beginn des Weltkriegs weithin propagierten Ideale der individuellen Tapferkeit und des selbstlosen Einsatzes für das Vaterland wurden rasch obsolet. Gefragt waren stattdessen Leidensfähigkeit und Durchhaltevermögen unter extremen und widrigsten Verhältnissen. Der „heldenhafte Kampf" unter den Bedingungen des Stellungskriegs reduzierte sich auf die Erfahrung von Kälte, Schlamm und Nässe, auf das Ertragen von Ungeziefer und Krankheiten und die verzweifelten Versuche, dem feindlichen Artillerie- und Schrapnellbeschuss zu entkommen. Das Schrapnell – der häufigste Todesbringer auf dem Schlachtfeld – traf unterschiedslos Mutige und Feige, Vorsichtige und Draufgänger. Angesichts des weithin anonymen Massensterbens verlor der Tod des Einzelnen seine ihm zugeschriebene Sinnhaftigkeit, nicht nur deshalb, weil die Körper der Gefallenen häufig bis zur Unkenntlichkeit verstümmelt waren. Bemerkenswerterweise stellte gerade diese Vorstellung für die Soldaten häufig genug eine traumatische Perspektive dar. „Durch die Kugel zu sterben, scheint nicht schwer; dabei bleiben die Teile unseres Wesens unversehrt; aber zerrissen, in Stücke gehackt, zu Brei gestampft zu werden, ist eine Angst, die das Fleisch nicht ertragen kann" – so lautete die entlarvende Mitteilung eines Soldaten in einem Feldpostbrief an seine Familie.

Aus dieser Beliebigkeit des Massentodes entstand eine neue, ungeheuerliche Gleichgültigkeit gegenüber dem menschlichen Leben, die fürchterliche Konsequenzen zeigte. Die totalitären Systeme der 1920er- und 1930er-Jahre mit ihrer Verachtung und Negierung des Individuums, mit ihren wahnwitzigen Zukunftsvorstellungen und technokratischen Visionen waren direkte Folgen dieser elementaren Kriegserfahrung der Zufälligkeit des Überlebens und Sterbens in militärischen Planungszusammenhängen. Dieses Denken bildete sich bereits während des Kriegs heraus, als die Generäle Falkenhayn, Ludendorff, Foch, Haig und Nivelle von ihren „weitab vom Schuss" befindlichen Kommandozentralen Operationen planten und durchführen ließen, die das „Aufopfern" von Hunderttausenden von Soldaten kaltblütig einkalkulierten. Überzeugt von der Überlegenheit der Offensive setzten diese Generäle der neuen Waffentechnik das Element des Angriffs von Massenheeren entgegen. „Maximum slaughter at minimum expense" (das größtmögliche Gemetzel bei möglichst geringen Kosten) – mit dieser zynisch klingenden Feststellung hat der englische Philosoph und

Pazifist Bertrand Russell die von der Generalität aller Seiten aufgestellte Kosten-Nutzen-Rechnung über die menschlichen Verluste im Ersten Weltkrieg zutreffend auf den Punkt gebracht.

Ursächlich und zugleich wegweisend war aber ebenso der Einsatz immer neuer und schrecklicherer Waffen und Geräte. Der „Große Krieg" war der erste Krieg, in dem Panzer (damals wegen ihres unförmigen Aussehens noch „Tanks" genannt) eingesetzt waren, die 1918 dann zur kriegsentscheidenden Waffe werden sollten. Auch dem Flugzeug, das bereits mit Maschinengewehren bestückt war und als angriffstauglich galt, kam eine immer größere Bedeutung zu. So leiteten die Alliierten ihre Offensiven an der Somme 1916 und in Flandern 1917 sowie die Deutschen ihr „Unternehmen Michael" im Frühjahr 1918 mit dem Kampf um die Erringung der Luftüberlegenheit ein. Durch den „Gaskrieg", der wie nichts anderes die Soldaten aller Nationen mit Entsetzen erfüllte, veränderte sich ab 1915 die Kriegsszenerie erheblich, nicht zuletzt dadurch, dass das sogenannte „Gasieren" der feindlichen Truppen dem Krieg psychologisch wie ideologisch eine vollständig neue Dimension gab. Der „Gaskrieg" erschien den Spezialisten nach 1918 als die entscheidende Waffe des modernen Kriegs. Manche Militärs waren fest davon überzeugt, dass der nächste Krieg ein „Gaskrieg" sein werde. Der Schriftsteller Ernst Jünger, der Vordenker des soldatischen Nationalismus und Interpret des Schlachtenerlebnisses („In Stahlgewittern"), mahnte im Jahre 1930, nicht zu übersehen, dass der Weltkrieg im Felde stecken geblieben sei und dass der nächste Krieg sich der großen Städte annehmen werde. So zutreffend Jüngers Vorahnung war – originell war sie nicht. Sie spiegelte nur die in der Zwischenkriegszeit allgemein verbreitete Überzeugung, dass in einem kommenden Krieg die Städte durch den Einsatz von Gas zu Geisterstädten werden würden. Kaum jemand hat vorhergesehen, was dann tatsächlich eintrat, nämlich dass die Städte *nicht* durch das Gas, sondern durch Bomben und Granaten ausradiert wurden, wie es von Warschau bis Rotterdam, von Coventry bis Belgrad, von Hamburg bis Leningrad, von Dresden bis Hiroshima dann wirklich geschah.

Und noch ein dritter Punkt: Charakteristisch und zukunftsweisend war nicht zuletzt die Technik einer Verteufelung des Gegners, die sich im Krieg und durch den Krieg entwickelte. Historisch neu war das Phänomen der Propaganda als ein Instrument zur Verstärkung des Durchhaltewillens der jeweiligen Bevölkerungen. Es war eine Propaganda, die bereits hemmungslos medialisiert war, die unter anderem die Fotografie und den Film einsetzte und gegen Ende des Kriegs Fliegerabwurfzettel millionenfach aus Flugzeugen herabregnen ließ; es war eine Propaganda, die in den schrecklichsten Farben und in Massenauflagen von Druckwerken aller Art den Gegner zum „Hunnen", zum „Barbaren", zum „Teufel" machte; diese Propaganda erzeugte gleichsam die Begleitmusik zur „Barbarisierung der Kriegführung".

In die Vielfalt der Stimmen bei Kriegsausbruch mischten sich sehr rasch auch chauvinistische Töne und Anklagen. Hierzu gehören ferner die ideologische Steigerung und Überhöhung des Kriegs zu einem „Krieg der Kulturen", wie ihn beispielsweise deutsche Professoren und andere Intellektuelle bereits 1914 propagierten. In einem von 93 Gelehrten, Schriftstellern und Künstlern unterzeichneten Aufruf „An die Kulturwelt" von Anfang Oktober 1914 suchte man die öffentliche Meinung in Deutschland und in den neutralen Ländern zu beeinflussen und zugleich die Anschuldigungen der gegnerischen Propaganda zu widerlegen. Der erste Satz lautete bezeichnenderweise: „Wir als Vertreter deutscher Wissenschaft und Kunst erheben vor der gesamten Kulturwelt Protest gegen die Lügen und Verleumdungen, mit denen unsere Feinde Deutschlands reine Sache in dem ihm aufgezwungenen schweren Daseinskampf zu beschmutzen trachten." Doch das kriegsvölkerrechtswidrige Verhalten der deutschen Truppen bei ihrem Vormarsch in Belgien und Nordfrankreich – durch begangene Massaker an Zivilisten, Geiselerschießungen, Deportationen und die Zerstörung der berühmten Universitätsbibliothek von Löwen (Louvain) – ließ sich, trotz gegenteiliger Behauptungen der Reichsregierung, es handele sich um „gerechte Vergeltungsaktionen" gegenüber den belgischen Freischärlern (oder „Franktireurs"), nicht rechtfertigen. Der Aufruf gipfelte in der entlarvenden Feststellung: „Ohne den deutschen Militarismus wäre die deutsche Kultur längst vom Erdboden getilgt." Obgleich einige Unterzeichner wie der Physiker Max Planck und der Ökonom Lujo Brentano sich später von dem Manifest distanzierten, war der eingetretene intellektuelle und moralische

Schaden immens. Der „Aufruf der 93" fand in der akademischen Welt außerhalb Deutschlands, nicht zuletzt auch in den neutralen Ländern wie der Schweiz oder den Niederlanden, ein überwiegend negatives Echo. Die propagandistische Rechtfertigung der deutschen Wissenschaftler und Künstler hatte erhebliche Auswirkungen auf den inzwischen auf allen Seiten voll entbrannten „Krieg der Geister", dessen Auswirkungen noch lange nach Kriegsende spürbar waren.

Es ließen sich noch weitere Beobachtungen zum Charakter des Kriegs anführen, doch belassen wir es zunächst einmal bei diesen drei und versuchen ein vorläufiges, gleichsam einleitendes Fazit. Das wegweisende und unüberschreitbar moderne Moment des „Großen Kriegs" lag darin, dass dieser ein industrialisierter Massen- und Maschinenkrieg war, der schließlich seine ganz eigene Gesetzmäßigkeit entwickelte – eine Gesetzmäßigkeit, von der selbst die Militärexperten zuvor keine Ahnung gehabt hatten. Graf Schlieffen beispielsweise, der wohl bedeutendste deutsche Stratege *vor* dem Ersten Weltkrieg ging davon aus, dass der (von ihm für zwangsläufig gehaltene) Krieg rasch beendet sein werde. Deshalb ja auch Schlieffens entsprechende Planungen, die auf der Annahme und Notwendigkeit einer kurzen Dauer des Kriegs beruhten. Für seine schnellen Offensiven im Westen und im Osten gedachte er, ca. 2 Millionen Soldaten zu mobilisieren. Hätte man Schlieffen erklärt, dass in einem kommenden Weltkrieg auf deutscher Seite schließlich mehr als 13 Millionen Mann eingesetzt würden (wie dann geschehen), hätte er eine solche Prognose als vollkommen wirklichkeitsfremd zurückgewiesen, wie übrigens alle militärischen Experten seiner Zeit.

Allein der große Militärtheoretiker Carl von Clausewitz hatte solche Entwicklungspotentiale bereits 80 Jahre zuvor geahnt, als er darlegte, dass ein Krieg logischerweise „keine Grenze in sich selber" habe, und dass in dem Maße, wie jeder der beiden Kontrahenten versuche, dem anderen „sein Gesetz zu geben", jeder Krieg die Tendenz habe, „absolut" (also total) zu werden. Deshalb müsse es das Ziel der Politik sein – so Clausewitz –, den Krieg „einzuhegen", ihn nicht über das politische Ziel hinausschießen zu lassen. Im Ersten Weltkrieg geschah etwas Neues, was diese Maxime alter „Staatskunst" zerbrach: In einem zunehmend totaler werdenden Krieg diente die Politik schließlich mehr und mehr dieser Totalisierung. Als die Deutschen im Herbst 1918 wegen Erschöpfung der demographischen und wirtschaftlichen Ressourcen den Kampf abbrechen mussten, blieben die aus den Fugen geratenen politischen Bestandteile des Kriegs – Ideologie, Hass, Rache, Feindschaft – weitgehend ungetilgt und kondensierten sich in neuen Formen: in Deutschland beispielsweise in den sogenannten „Frei-korps" oder in nationalistischen Soldatenbünden wie dem „Stahlhelm" oder in politischen extremistischen Gruppierungen wie der NSDAP. Auch zahl-reiche Veteranenverbände betätigten sich nach dem Krieg auf dem Feld der Revanchepolitik: Sie forderten eine autoritäre Staatsform und die Wieder-aufrüstung, propagierten den Kampf gegen den Versailler Vertrag und war-fen ihren innenpolitischen Gegnern nationalen Verrat vor. Eine ähnliche Entwicklung stellen wir in Italien fest, das zwar als Sieger aus dem Krieg hervorgegangen war, wo aber der „verstümmelte Sieg" (so der Schriftsteller Gabriele D'Annunzio) und die „gefühlte" Niederlage zu einer gefährlichen innenpolitischen Radikalisierung geführt hatten. Das Ergebnis war der von den „arditi" (Sturmtruppen) des Weltkriegs maßgeblich geprägte „squa-drismo" (der Faschismus der schwarz gekleideten „Kampfverbände") mit seiner emphatischen Zurschaustellung von allem Militärischen und der Ver-ächtlichmachung des zivilen Lebens sowie der Aufstieg des Faschismus und die gewaltsame Eroberung der politischen Macht durch Benito Mus-solini.

Einige Historiker sehen daher die verhängnisvollste Erbschaft des Kriegs in einer nachhaltigen „Brutalisierung" der Gesellschaften in den ehemals kriegführenden Staaten. So etwa nannte der britische Historiker Eric J. Hobsbawm in seiner Studie über das „Zeitalter der Extreme", einer Weltgeschichte des 20. Jahrhunderts, den Ersten Weltkrieg eine „Maschine zur Brutalisierung der Welt". Der US-amerikanische Kulturhistoriker George L. Mosse sah in der Gewalterfahrung des Weltkriegs gar die ent-scheidende mentale Voraussetzung für den Aufstieg von Nationalsozialis-mus und Faschismus. Bei der unter Historikern seither heftig diskutierten „Brutalisierungsthese" ist allerdings zu unterscheiden zwischen einer Bru-talisierung der ehemaligen Frontsoldaten als Individuen und einer Brutali-sierung der politischen Kultur in der Zwischenkriegszeit, die in einigen

Staaten durch extreme Gewalt charakterisiert war. Nach einem vorüberge-
henden Anstieg der *individuellen* Tötungsdelikte in den unmittelbaren
Nachkriegsjahren sank die Zahl der Gewaltverbrechen in den ehemaligen
Kriegsgesellschaften Europas; teilweise fiel die Kriminalitätsrate bei
Schwerverbrechen im Verlauf der 1920er-Jahre sogar unter das Niveau der
Vorkriegszeit. Der zu konstatierende Anstieg der Kriminalität in Deutschland wiederum betraf vor allem Eigentumsdelikte, die eng mit der Hyperinflation von 1923 und der Weltwirtschaftskrise nach 1929 zusammen-
hingen, nicht jedoch die gewöhnliche Gewaltkriminalität. Der Befund ist
also eindeutig: Die überwiegende Mehrheit der demobilisierten Soldaten
war demnach durch ihre Erlebnisse und Erfahrungen im Krieg nicht bruta-
lisiert bzw. gewaltkriminalisiert worden.

Hingegen standen die zahlreichen politischen Gewalttaten und -aktio-
nen in vielen europäischen Ländern unmittelbar nach 1918 (darunter Bür-
gerkriege und Freikorpskämpfe, Straßenschlachten und gewaltsame innenpolitische Auseinandersetzungen) in einem direkten Zusammenhang mit
dem Ersten Weltkrieg. Allerdings wirkten sich hierbei auch unterschied-
liche politische Kulturen und Traditionen aus, deren Wurzeln wiederum in
den divergierenden Formen und Wegen der Nationalstaaten in Europa
lagen. In Russland und den nach Westen angrenzenden Territorien der späteren Sowjetunion ging der Erste Weltkrieg nahezu bruchlos in einen jahrelangen, dazu ungemein verlustreichen, Bürgerkrieg über. In Deutschland
kam es im Gefolge der Revolution von 1918/19 gerade in den Großstädten
zu bürgerkriegsähnlichen Auseinandersetzungen sowie insbesondere in den
östlichen Grenzgebieten des Reichs zu Volkstumskämpfen, an denen die
sogenannten „Freikorps" erheblichen Anteil hatten. Nach 1921 beruhigte
sich die innenpolitische Situation weitgehend, mit Ausnahme des Krisen-
jahres 1923 (Stichworte: Ruhrkampf, Hitler-Putsch, Hyperinflation), bevor
die Situation Ende der 1920er-Jahre erneut eskalierte, ohne jedoch nur an-
nähernd die Opferzahlen aus den ersten Nachkriegsjahren zu erreichen.
Ebenso war die Nachkriegszeit in Italien von einem extrem hohen Maß an
öffentlicher Gewalt geprägt – übrigens weitaus massiver als in Deutschland
– und diese Gewalt, daran besteht kein Zweifel, fungierte gleichsam als
Türöffner für die Machtübernahme der Faschisten unter Mussolini. An na-

hezu allen diesen Gewalttaten waren ehemalige Teilnehmer des Weltkriegs in erheblichem Umfang beteiligt.

Zwar erlebten auch Frankreich und Großbritannien nach Kriegsende soziale Konflikte und teilweise handfeste Auseinandersetzungen auf den Straßen, etwa beim großen englischen Bergarbeiterstreik von 1926, allerdings endeten die gesellschaftlichen Konfrontationen und Arbeitskämpfe mit vergleichsweise geringen Opfern. Dennoch lassen sich diese gewaltsamen Entwicklungen kaum oder nur noch sehr bedingt dem Erbe des Ersten Weltkriegs anlasten. Entscheidend für die Brutalisierung der politischen Kultur in der Zwischenkriegszeit waren vielmehr die nachfolgenden gesellschaftlichen Auseinandersetzungen und Diskurse, ferner die Mythen, Rituale und Symbole, mit denen der Krieg kollektiv erinnert und zugleich politisch instrumentalisiert wurde.

Der „Große Krieg", die ungeheure Zahl der Opfer, die Entbehrungen sowie die zerstörten Existenzen und Lebensentwürfe verlangten allesamt nach einer Begründung, einer „Sinngebung" – dieses Kunstwort wurde in den 1920er-Jahren in Deutschland zu einem Zentralbegriff. Und in dem Maße, wie diese Sinngebung den Verlierern – den realen wie den gefühlten – nicht gelang, blieb der Krieg in die jeweilige Gesellschaft eingebrannt. Die spezifisch deutsche Erfahrung des Weltkriegs verlängerte sich in der Nachkriegszeit als „Krieg in den Köpfen". Hieraus entstand ein diffuser Hass, den Hannah Arendt in ihren wegweisenden Reflexionen über „Elemente und Ursprünge totaler Herrschaft" (1955) zu Recht als formgebend erkannt hat: „der Hass (...) drang in alle Poren des täglichen Lebens und konnte sich nach allen Richtungen verbreiten, konnte die phantastischsten, unvorhersehbarsten Formen annehmen; nichts blieb vor ihm geschützt, und es gab keine Sache in der Welt, bei der man sicher sein konnte, daß der Hass sich nicht plötzlich gerade auf sie konzentrieren würde."

Der Antisemitismus der Kriegsjahre erreichte nach 1919 einen noch „höheren Grad an ideologischer Zuspitzung, politischer Aggressivität und öffentlicher Wirksamkeit" (Helmut Berding) als jemals zuvor. Der einflussreichste der antijüdischen Organisationen und Verbände war der 1919 gegründete „Deutschvölkische Schutz- und Trutzbund" mit über 200 000 Mitgliedern (1922). Doch wichtiger noch als die sehr hohen Mitgliederzahlen der antisemitischen und völkischen Gruppierungen war die fortwährende judenfeindliche Hetze und Propaganda, wie sie auf Hunderttausenden von Flugblättern und Handzetteln sowie auf Millionen von Klebemarken verbreitet wurde.

Der Kampf gegen den „jüdischen Bolschewismus" und die Weimarer „Judenrepublik" dominierte auch die von Theodor Fritsch herausgegebene Wochenzeitung „Antisemitische Correspondenz", die 1922 bereits in einer Auflage von 160 000 Exemplaren erschien. Derselbe Theodor Fritsch besorgte eine der deutschen Ausgaben des nicht nur in rechtsradikalen und antisemitischen Zirkeln stark verbreiteten Pamphlets „Die Protokolle der Weisen von Zion", in dem ein russischer Autor mit frei erfundenen Quellen eine angebliche Verschwörung von Juden und Freimaurern, mit dem Ziel, die „Weltherrschaft" an sich zu reißen, zu dokumentieren suchte. Der spätere Chefideologe der NS-Bewegung, der Baltendeutsche Alfred Rosenberg, steuerte 1923 einen Kommentar zu den „Protokollen" bei, der ebenfalls weite Verbreitung fand. Unter dem Einfluss des „Russlandkenners" Rosenberg vollzog nunmehr der rastlose „Bierkelleragitator" Adolf Hitler die in Antisemitenkreisen bereits im Weltkrieg geläufige Fusion von Antisemitismus und Antibolschewismus, die fortan Hitlers „Weltanschauung" beherrschen sollte.

Die deutsche Kriegserinnerung nach 1918 war zutiefst uneinheitlich und gespalten: Sie unterschied sich – wie dies der Dubliner Historiker Alan Kramer treffend formuliert hat – „nach gesellschaftlichen Klassen, nach Generationen, nach der Geographie sowie nach Milieu und politischer Überzeugung". Dies gilt besonders für das Ende des Kriegs und die Beantwortung der für Nachkriegsdeutschland zentralen Frage: Wer war letztlich verantwortlich für die militärische Niederlage, für die Novemberrevolution und den Zusammenbruch der Monarchie? Die daraus resultierenden politischen Gegensätze und Kontroversen bestimmten auch das Bild des Weltkriegs und verhinderten eine gemeinsame, verbindliche Kriegserinnerung, wie sie etwa in den Siegerstaaten Frankreich und Großbritannien anzutreffen war. Hinzu trat in Deutschland eine höchst selektive Wahrnehmung des Kriegs und der Kriegsereignisse: Militärische Niederlagen wie etwa die Marneschlacht 1914 wurden komplett ausgeblendet, aber auch die äußerst verlustreichen, jedoch letztlich unentschiedenen Schlachten in Verdun, in Flandern und an der Somme blieben zunächst weitgehend unerwähnt. Dies sollte sich erst im Zuge der literarischen Befassung mit diesen Schlachten nach 1928 ändern. Die selektive Wahrnehmung des Kriegs beschränkte sich keineswegs nur auf die Ereignisse des Weltkriegs, sondern spiegelte zugleich die politischen Auffassungen der Weimarer Verhältnisse wider: Während die Sozialdemokraten und die Angehörigen des „Reichsbanners Schwarz-Rot-Gold" „für ihre Republik" gefallen waren, Kommunisten wiederum „für die bolschewistische Weltrevolution" ihr Leben opferten, starben die ehemaligen Soldaten des „Stahlhelms" ebenso wie später die Nationalsozialisten „für Deutschland" oder „für die Bewegung". Der in zahlreichen Ländern anzutreffende Kult des „unbekannten Soldaten" fand in Deutschland seine spezielle Adaption im Kult des politischen Märtyrers, respektive des „Blutzeugen" der NS-Bewegung. Ein besonders augenfälliges Beispiel hierfür ist der von Goebbels erfolgreich orchestrierte „Horst Wessel-Kult", der den wegen persönlicher Streitigkeiten erschossenen Führer eines Berliner SA-Sturms zum politischen Märtyrer der Nazi-Bewegung stilisierte.

Symptomatisch für die Zerrissenheit der politischen Kultur der Weimarer Republik war die Tatsache, dass man sich weder auf einen gemeinsamen Totenkult noch auf ein nationales Denkmal für die Gefallenen des Ersten Weltkriegs verständigen konnte. Der Versuch, das am Ort der Schlacht von Tannenberg anlässlich des 80. Geburtstags des siegreichen Feldherren (und nunmehr Reichspräsidenten der Republik) Paul von Hindenburg im September 1927 eingeweihte, wegen seiner ungeheuren Ausmaße geradezu anstößige Denkmal in ein „Reichsehrenmal" umzufunktionieren, scheiterte kläglich. Die demokratischen Parteien wie auch die republikanischen Soldatenverbände blieben der nationalistischen Zeremonie fern.

Der erzwungene Frieden von Versailles samt seinen von den meisten Deutschen als zutiefst ungerecht angesehenen Bestimmungen, die heftigen innenpolitischen Auseinandersetzungen über die Frage nach der Verantwortung für die Niederlage von 1918, die im unsäglichen Vorwurf eines „Dolchstoßes" in den Rücken des angeblich siegreichen Heeres gipfelte – all das machte ein gemeinsames Totengedenken und damit einen inneren

Frieden unmöglich. Die politischen Nutznießer der heftigen mentalen Erschütterungen und tiefgreifenden sozialen Verwerfungen der Nachkriegszeit waren Hitler und seine Nationalsozialisten. Ihr Vorwurf, die Republik habe das Erbe des Weltkriegs verraten, war von dem Versprechen begleitet, die militärische und politische Niederlage zu tilgen und Deutschland zu neuer Größe zu führen.

Die nationalsozialistische Machtergreifung von 1933 verhieß eine wahre Hochkonjunktur der nationalistischen Weltkriegserinnerung. Auf der Basis historischer Stereotypien sowie mystischer Beschwörungen von Schlachtenorten wie Tannenberg, Langemarck und Verdun vollzog sich die politische Instrumentalisierung des „Großen Kriegs". Bezeichnenderweise blieb die Schlacht an der Somme, mit mehr als 1,1 Millionen toter und verwundeter Soldaten die mit Abstand verlustreichste Schlacht des Weltkriegs, hierbei weitgehend ausgespart. Hingegen erwies sich der „Langemarck-Mythos", die Heroisierung der Opfer unter der deutschen Kriegsjugend, als ideale Plattform, ein eigentlich unbedeutendes militärisches Ereignis in einen nationalen Mythos zu verwandeln. Zu Recht hat der Kulturhistoriker Bernd Hüppauf darauf verwiesen, dass die Entstehung des „Langemarck-Mythos" der erste erfolgreiche Versuch der Nationalsozialisten war, die militärischen Niederlagen des Weltkriegs in moralische Siege zu verwandeln. In der Folgezeit diente „Langemarck" als willkommener Namensgeber für allerlei Aktivitäten, die von Schulen und Universitäten, der Hitler-Jugend, dem Erziehungsministerium (etwa durch die „Langemarck-Stipendien") und schließlich von der Wehrmacht getragen wurden. Die ursprüngliche romantische Vorstellung von den jugendlichen Helden, die ihr Leben bereitwillig für das Vaterland opfern, wurde ersetzt durch einen volkspädagogischen Auftrag mit klaren rassisch-ideologischen Zielsetzungen.

Eine spezielle Aufgabe kam dabei Ausstellungen und Museen zu, allen voran dem Berliner Zeughaus, der ehemaligen Waffenkammer Preußens. Kein Ort schien geeigneter, um die von den Nazis erfolgreich propagierte Traditionslinie zwischen preußischem Waffenruhm, den deutschen militärischen Erfolgen im Ersten Weltkrieg und schließlich den sogenannten „Helden und Märtyrern" der NS-Bewegung zu ziehen. Das Zeughaus Unter den Linden war auch der Ort, wo im Zeitraum von Ende Februar bis Mitte

März der jährlich zelebrierte Staatsakt zum sogenannten „Heldengedenktag" stattfand, der seit 1934 den zuerst 1919 begangenen „Volkstrauertag" ablöste. Auffällig ist überdies, dass Hitler die von Erinnerungsritualen an den Ersten Weltkrieg geprägten „Heldengedenktage" nutzte, um weitreichende außenpolitische Entscheidungen zu verkünden: so die Wiedereinführung der allgemeinen Wehrpflicht am Vorabend (16. März) des „Heldengedenktages" von 1935, den Einmarsch deutscher Verbände in das entmilitarisierte Rheinland ebenfalls am Vorabend (7. März) des Gedenktages von 1936 oder den „Anschluss" Österreichs an das Deutsche Reich, der am Tage (13. März) der „Heldengedenkfeier" von 1938 vollzogen wurde. Mit diesen Entscheidungen setzte Hitler bekanntlich die Bestimmungen des Versailler Friedensvertrags außer Kraft, mit dem die Alliierten seinerzeit die deutsche Verantwortung für den Weltkrieg festzuschreiben suchten. Ort und Zeitpunkt waren also keineswegs zufällig gewählt.

Die militärischen Siege über Belgien und Frankreich im Frühsommer 1940 wurden vom NS-Regime als das wahre Ende des Ersten Weltkriegs gefeiert, wobei sich die Führung der Zustimmung der meisten Deutschen sicher sein konnte. Im Herbst 1940 fanden in Verdun und auf dem Soldatenfriedhof von Langemarck militärische Gedenkfeiern statt, die das Ende des Ersten Weltkriegs symbolisieren sollten. Bereits am 12. Juni 1940, also noch vor der französischen Kapitulation, war auf der ersten Seite des „Völkischen Beobachters" ein Bild platziert, auf dem ein Wehrmachtsoldat zu sehen war, der die Reichskriegsflagge (nun mit Hakenkreuz) in französischen Boden pflanzte. Darunter stand der Satz, den er den drei abgebildeten Frontkämpfern des Ersten Weltkriegs zurief: „Und Ihr habt doch gesiegt."

Diese Funktionalisierung des Ersten Weltkriegs findet sich nicht nur in den Reden und Verlautbarungen Hitlers und denen anderer führender Nationalsozialisten. Beides – Instrumentalisierung und Funktionalisierung – lässt sich, wenngleich mit unterschiedlicher Intensität und Dauer, ebenfalls für die Politik und vor allem bei der Kriegführung des Dritten Reichs konstatieren. Es waren im Wesentlichen vier Felder, die einen direkten Bezug zum „Großen Krieg" aufwiesen. Diese wiederum korrespondierten eng mit dem Weltkriegsgedächtnis der Deutschen, mithin ihrer kollektiven Erinnerung an die Jahre 1914-1918:

• **Propaganda:** Bereits in „Mein Kampf" wie auch später in zahlreichen Reden beklagte Hitler die vermeintliche Überlegenheit der alliierten Propaganda im Weltkrieg. Die enormen Propagandaaktivitäten, die Goebbels und sein eigens zu diesem Zweck errichtetes Ministerium, aber auch andere politische und militärische Ämter nach 1933 entwickelten und die noch einmal im Zweiten Weltkrieg forciert wurden, waren eine direkte Folge der verbreiteten Überzeugung, dass der Erste Weltkrieg nicht zuletzt durch die Wirksamkeit der Propaganda entschieden wurde.

• **Kriegswirtschaft:** Hitlers ausgeprägte Furcht vor einem Zusammenbruch der Heimatfront wie 1918 veranlasste ihn, der Versorgung der deutschen Bevölkerung im Zweiten Weltkrieg eine überaus hohe Priorität einzuräumen. Die Aufrechterhaltung der Versorgung und elementarer Dienstleistungen gelang weitgehend, eigentlich bis zum letzten Kriegsjahr. Allerdings war dies nur möglich aufgrund der wirtschaftlichen Ausbeutung der besetzten europäischen Länder und mit Hilfe eines Millionenheers von Zwangsarbeitern, insbesondere aus Ost- und Ostmitteleuropa. Ähnliches trifft gleichfalls auf die Weigerung Hitlers zu, Frauen verstärkt in die industriellen und militärischen Kriegsanstrengungen des Reichs einzubeziehen. Auch der weitgehende Verzicht auf eine umfassende militärische Dienstpflicht für Frauen entsprang möglicherweise der Sorge vor einer Destabilisierung der „Heimatfront" wie im Ersten Weltkrieg.

• **Militärstrategie:** Die Strategie der von der Wehrmacht in den ersten beiden Kriegsjahren geführten Blitzkriege (der Angriff auf Polen 1939, die Invasion in Nord- und Westeuropa 1940 und der Überfall auf die Sowjetunion 1941) mit Hilfe mobiler gepanzerter Einheiten war nicht zuletzt von der Absicht getragen, eine Wiederholung der verlustreichen Grabenkämpfe wie im Ersten Weltkrieg entlang der Westfront nicht erneut zuzulassen. Dies änderte sich allerdings – und zwar radikal – nach den heftigen Rückschlägen im Ostkrieg im Spätherbst 1942, vor allem nach dem Verlust einer ganzen deutschen Armee bei Stalingrad. Hitler begründete die Ausgabe von sogenannten „Haltebefehlen" für die Truppe, also die Anweisung, jeden Quadratmeter eroberten Bodens um jeden Preis zu halten, explizit mit den Erfahrungen des Ersten Weltkriegs: „Ich kehre (...) bewusst zu der Art Verteidigung zurück, wie sie in den schweren Abwehrschlachten des Weltkriegs, besonders bis zum Ende des Jahres 1916, mit Erfolg angewendet wurde". Ungeachtet der immensen Verluste und entgegen dem Rat der meisten Generäle insistierte Hitler auf dieser starren und linearen Taktik in der Defensive.

• **Partisanenkrieg:** Es gibt starke Hinweise, dass die Vorstellung respektive die Wahrnehmung des Freischärlers oder „Franktireurs", also des tatsächlichen oder auch nur imaginierten irregulären Kämpfers gegen die deutschen Truppen in Belgien und Nordfrankreich 1914, das Vorgehen von Wehrmacht, SS und Polizei während der ersten Phase des sogenannten „Ostkriegs" erheblich geprägt hat. Wie seinerzeit in Belgien gab es 1939 auch in Polen lediglich vereinzelten Widerstand von Seiten der Zivilbevölkerung. Gleichwohl kam es hier wie dort zu massiven Vergeltungsaktionen, die zum Tod von über 5000 (Belgien, August/September 1914) bzw. 16 000 (Polen, September 1939) Zivilisten – und zwar Männer, Frauen und Kinder – führten. In seiner 2006 veröffentlichten Studie über die Wehrmacht 1939 in Polen („Auftakt zum Vernichtungskrieg") hat der Historiker Jochen Böhler auf die Bedeutung und das Fortwirken überkommener Feindbilder hingewiesen, die im Verein mit bereits vorab ergangenen Warnungen der Vorgesetzten vor der „Heimtücke" von Polen und Juden und entsprechenden Befehlen zu dieser Eskalation der Gewalt bereits zu Beginn des Zweiten Weltkriegs führten. Ebenso wie die deutschen Soldaten bei ihrem Einmarsch 1914 in Belgien so waren auch die Soldaten der Wehrmacht beim Angriff auf Polen davon überzeugt, in einen veritablen „Freischärlerkrieg" geraten zu sein, in dem jedes Mittel zur Beruhigung der Lage rechtens sei. Zugleich aber unterstreicht die um ein Vielfaches höhere Zahl der Opfer in Polen die neue Qualität eines nunmehr ideologisch und rassistisch geprägten Angriffkriegs.

Neben dem wirkungsmächtigen Konterfei des „Franktireurs" existierten weitere Bilder und Vorstellungen aus dem deutschen Erinnerungsarchiv des Ersten Weltkriegs, die von den Soldaten bei ihrem erneuten „Ritt nach Osten" nun entsprechend abgerufen wurden. Hierzu gehörte beispielsweise der sogenannte „Kosaken-Einfall" in Ostpreußen im August 1914 mitsamt der hieraus resultierenden „Russengefahr", eine von der deutschen Propaganda unmittelbar nach Kriegsbeginn verbreitete Vorstellung von einer marodierenden russischen Soldateska. In Wirklichkeit hatten sich die meisten russischen Soldaten beim Einmarsch in Ostpreußen relativ moderat verhalten, zumal ihnen ihre Offiziere, darunter zahlreiche Baltendeutsche, empfindliche Strafen für den Fall von Übergriffen gegenüber der deutschen Zivilbevölkerung angedroht hatten. Zu schweren, auch völkerrechtswidrigen Vergehen der Russen kam es erst beim überhasteten Rückzug der beiden russischen Armeen nach der Schlacht an den Masurischen Seen im September 1914. Zu diesen frühen Wahrnehmungen gesellte sich nach 1917 das Bild des revolutionären „Bolschewiken", das bereits im Verlauf der Russischen Oktoberrevolution entstand, jedoch seine größte (ebenso literarische) Wirkungsmächtigkeit erst während des nachfolgenden Bürgerkriegs mit seinen schrecklichen Geschehnissen und Folgen entwickelte.

Zahlreiche deutsche Generäle und Befehlshaber, die im Ersten Weltkrieg als jüngere Offiziere an der Ostfront gekämpft oder die Erfahrungen bei den Freikorpskämpfen nach 1918 im Baltikum oder in Oberschlesien gesammelt hatten, griffen im Ostkrieg der Wehrmacht auf diese vermeintlichen oder tatsächlichen historischen Erfahrungen zurück. Davon berichten zahlreiche Tagebucheintragungen ebenso wie explizite Anweisungen an die Truppen. Damit kein Missverständnis aufkommt: Es geht nicht darum, die nationalsozialistischen Untaten und Verbrechen ausschließlich oder in erster Linie auf die Kriegserfahrungen der ehemaligen Frontsoldaten zurückzuführen. Dies hieße, die besonderen Umstände und Bedingungen des von Hitler ausgelösten Zweiten Weltkriegs, namentlich die schreckliche Ideologie wie die grausame Praxis des Rassen- und Vernichtungskriegs in Osteuropa und auf dem Balkan, zu relativieren oder gar zu negieren. Zweifellos bestanden erhebliche Unterschiede zwischen General Ludendorffs Projekt eines autoritären Militärstaats „Ober-Ost" und dessen Streben nach politischer Kontrolle und kultureller Dominanz über die ostmitteleuropäischen Völker und Ethnien einerseits und der Hitlerschen bzw. Himmlerschen Konzeption eines auf der rassistischen Idee vom Lebensraum basierenden NS-Ostimperiums andererseits. Doch das Scheitern der deutschen „Kulturmission" im Ersten Weltkrieg hinterließ nach 1918 tiefe mentale Spuren, wie etwa die – nicht allein in Deutschland – verbreitete Auffassung vom „kulturlosen Osten", der sich nicht reformieren ließ. Und diese tiefen Spuren ebneten mit Sicherheit der radikalen Ostpolitik und Ostexpansion der Nationalsozialisten den Weg.

Das verbindende Element zwischen den beiden Weltkriegen ist nicht nur die zu konstatierende Ausweitung von kriegerischer Gewalt – und zwar sowohl hinsichtlich der militärisch-technischen Mittel wie der angewandten Methoden – unter den Bedingungen einer industriellen Kriegführung. Da ist ferner die „Entgrenzung" des Kriegs als ein gesellschaftlicher Prozess, der die soziale Realität an der Heimatfront ebenso beeinflusst hat wie den fortgesetzten Kampf um die Deutung des Kriegserlebens. Und da ist schließlich das Phänomen der Massenhaftigkeit von Tod und Vernichtung – und zwar keineswegs ausschließlich auf dem Schlachtfeld. Dies gilt insbesondere, dies sei abschließend betont, auch für jene Ereignisse, die wir heute unter dem Rubrum des Völkermords im Krieg zusammenfassen. Der Genozid an den Armeniern als der erste staatlich sanktionierte Völkermord der Moderne fand während des Ersten Weltkriegs statt, der Mord an den europäischen Juden lässt sich ohne die besonderen Bedingungen des deutschen Rasse- und Vernichtungskriegs, vor allem im Osten Europas, kaum denken. Beide Genozide waren ein Ergebnis sozialer Ausgrenzungs- und Eliminationsideologien, sie waren aber auch Resultat von extremer kriegerischer Gewaltausübung. Zu fragen ist daher nicht nur nach den kausalen, politischen und gesellschaftlichen Umständen, sondern auch nach den mentalen und kulturellen Dispositionen, die den Völkermord an den Armeniern wie den Holocaust unter den Bedingungen der beiden Weltkriege möglich werden ließen.

Literaturhinweise:

Arendt, Hannah: Elemente und Ursprünge totaler Herrschaft, München 1955.

Berding, Helmut: Moderner Antisemitismus in Deutschland, Frankfurt am Main 1988.

Böhler, Jochen: Auftakt zum Vernichtungskrieg. Die Wehrmacht in Polen 1939, Frankfurt am Main 2006.

Clausewitz, Carl von: Vom Kriege, Berlin 1880.

Förster, Stig: Der deutsche Generalstab und die Illusion des kurzen Krieges, 1871-1914, in: Burkhardt, Johannes u. a. (Hg.): Lange und kurze Wege in den Ersten Weltkrieg. Vier Augsburger Beiträge zur Kriegsursachenforschung, München 1996, S. 115-158.

Friedrich, Ernst: Krieg dem Kriege (Nachdruck mit einem Vorwort von Krumeich, Gerd), München 2004.

Hirschfeld, Gerhard: Nazi Germany and Eastern Europe, in: Mühle, Eduard (Hg.): Germany and the European East in the Twentieth Century, Oxford, New York 2003, S. 67-90.

Hirschfeld, Gerhard, Krumeich, Gerd, Renz, Irina (Hg.): Die Deutschen an der Somme 1914-1918, Essen 2006.

Hirschfeld, Gerhard, Krumeich, Gerd, Renz, Irina (Hg.): Enzyklopädie Erster Weltkrieg, 3. Auflage, Paderborn u. a. 2009.

Hirschfeld, Gerhard: Der Führer spricht vom Krieg. Der Erste Weltkrieg in den Reden Adolf Hitlers, in: Krumeich, Gerd (Hg.): Nationalsozialismus und Erster Weltkrieg, Essen 2010, S. 35-52.

Hirschfeld, Gerhard und Krumeich, Gerd: Deutschland im Ersten Weltkrieg, Frankfurt am Main 2013.

Hobsbawm, Eric: Das Zeitalter der Extreme. Weltgeschichte des 20. Jahrhunderts, München, Wien 1995.

Horne, John und Kramer, Alan: Deutsche Kriegsgräuel 1914. Die umstrittene Wahrheit, Hamburg 2004.

Hüppauf, Bernd: Schlachtenmythen und die Konstruktion des ‚Neuen Menschen‘, in: Hirschfeld, Gerhard, Krumeich, Gerd, Renz, Irina (Hg.): Keiner fühlt sich hier mehr als Mensch ... Erlebnis und Wirkung des Ersten Weltkriegs, Neuausgabe, Frankfurt am Main 1996, S. 53-103.

Jünger, Ernst: In Stahlgewittern. Sämtliche Werke, Bd. 1: Der Erste Weltkrieg, Stuttgart 1978.

Kennan, George F.: The Decline of Bismarck's European Order – Franco-Russian relations, 1875-1890s European Order, Princeton 1979.

Kershaw, Ian: Hitler, 1889-1936, Stuttgart 1998.

Kramer, Alan: First World War and German Memory, in: Jones, Heather u. a. (Hg.): Untold War. New Perspectives in First World War Studies, Leiden, Boston 2008, S. 385-415.

Liulevicius, Vejas Gabriel: The German Myth of the East. 1800 to the Present, Oxford 2009.

Mommsen, Wolfgang J. (Hg.): Kultur und Krieg: Die Rolle der Intellektuellen, Künstler und Schriftsteller im Ersten Weltkrieg, München 1996.

Mosse, George L.: Gefallen für das Vaterland. Nationales Heldentum und namenloses Sterben, Stuttgart 1993.

Schumann, Dirk: Politische Gewalt in der Weimarer Republik. Kampf um die Straße und Furcht vor dem Bürgerkrieg, Essen 2001.

Woller, Hans: Rom, 28. Oktober 1922. Die faschistische Herausforderung, München 1999.

CHRISTOPH JAHR, BERLIN

EPISODE ODER WASSERSCHEIDE?
DER DEUTSCHE ANTISEMITISMUS
IM ERSTEN WELTKRIEG

Patriotismus in Kriegszeiten, Wehrdienst, Integrationshoffnung und darauf folgende ver-
schärfte Feindschaft waren Erfahrungen, die die deutschen Juden schon in den Kriegen
gegen Napoleon und in der Zeit der Reichseinigung 1866 bis 1871 machen mussten.
In vieler Hinsicht stellten die Jahre 1914 bis 1918 daher die Wiederholung eines bereits
bekannten leidigen Musters dar. Die alltäglichen Anfeindungen und auch die zweifels-
ohne skandalöse „Judenzählung" waren lästig, verletzend, entehrend, aber eine grund-
sätzlich neue Qualität der Verfolgung ist nicht erkennbar. Diese trat erst nach der
nationalsozialistischen Machtübernahme 1933 ein – dann freilich mit einer Systematik
und Brutalität, die bis heute Entsetzen auslöst. I n s o f e r n stellte der Antisemitismus im
Ersten Weltkrieg für sich genommen lediglich eine weitere schmerzliche Episode dar; zur
Wasserscheide wurde er erst durch die Ereignisse nach 1933.

„Wer hört nicht mit Freuden diesen ehrenvollen Ruf, für das
Vaterland zu fechten und zu siegen? […] Und Euch Mitbrüder
und zugleich Genossen unseres Glaubens, Euch muß diese
Pflicht doppelt groß, doppelt heilig sein."[1]

„Glaubensgenossen! Wir rufen Euch auf, über das Maß
der Pflicht hinaus Eure Kräfte dem Vaterland zu widmen!"[2]

Wie sich die Worte ähneln – und doch liegen zwischen beiden Texten 101
Jahre. Der erste rief 1813 die deutschen Juden zum Krieg gegen Napoleon
auf; statt der raschen rechtlichen und sozialen Integration in die sich langsam herausbildende bürgerliche Gesellschaft folgten Jahrzehnte eines sta-

gnierenden Emanzipationsprozesses und eine Zuspitzung der Juden-feindschaft, die ihren Ausdruck unter anderem in den „Hep-Hep-Unruhen" von 1819 oder den Hasstiraden eines Hartwig von Hundt-Radowsky fand. Der zweite Text rief 1914 zur Teilnahme an dem Krieg gegen eine „Welt von Feinden" auf. Wiederum waren die Integrationshoffnungen der deut-schen Juden vergeblich, denn nach der Niederlage 1918 steigerte sich der Antisemitismus phasenweise zur Raserei. Und 15 Jahre später kam „eine politische Bewegung an die Macht, in deren Programm der Antisemitismus nicht beiläufig, sondern zentral war. [...] Der Antisemitismus gewann damit, was ihm bisher gefehlt hatte, nämlich Macht, [...] die durch keine konkurrierenden Kräfte mehr in Schranken gehalten wurde."[3]

Am Ende der 1933 eine neue Qualität des Schreckens annehmenden Entwicklung stand Auschwitz. Stand an ihrem Anfang die nach 1914 (wie schon nach 1813) enttäuschte Hoffnung, durch demonstrativen Patriotismus und militärische Tapferkeit endlich ganz als gleichwertige Deutsche aner-kannt zu werden? Anders ausgedrückt: War der Antisemitismus im Ersten Weltkrieg eine Episode oder *die* Wasserscheide in der Geschichte des An-tisemitismus im 20. Jahrhundert? Trug die Zeit des vierjährigen Massen-schlachtens an den Fronten signifikant zu jener Radikalisierung des Juden-hasses bei, an deren Ende der Genozid stand?

Die Kriegserlebnisse der Juden aus dem deutschen Südwesten und ihre Wahrnehmung des Antisemitismus werden in diesem Band von Cornelia Hecht quellenreich dargestellt. Hier wird der Versuch unternommen, er-gänzend einige allgemeine Fragen zur Geschichte der deutschen Juden und des Antisemitismus zu erörtern.[4] Wie ich zu zeigen versuche, waren Patrio-tismus in Kriegszeiten, Wehrdienst, Integrationshoffnung und darauf fol-gende verschärfte Feindschaft Erfahrungselemente, die für die deutschen Juden 1914 bis 1918 keineswegs zum ersten Mal zusammentrafen. Der An-tisemitismus im Ersten Weltkrieg stellte so gesehen nur eine weitere schmerzliche Episode dar; erst durch die Ereignisse nach 1933 wurde er zur Wasserscheide.

Militärdienst, Emanzipation und Nationalstaatswerdung

Spätestens seit dem Erscheinen von Christian Wilhelm Dohms Schrift „Über die bürgerliche Verbesserung der Juden" 1781 und dem Toleranzpatent Kaiser Josephs II. für Österreich 1782 stand die Gleichberechtigung[5] der Juden auf der europäischen Tagesordnung. Für dieses Thema wie für praktisch alle anderen gesellschaftlich und politisch relevanten Bereiche brachten die Französische Revolution und die sich anschließende Herrschaft Napoleons eine enorme Dynamisierung mit sich. 1791 hatte die französische Nationalversammlung die sofortige und vollständige Gleichstellung aller jüdischen Staatsbürger beschlossen und diese Errungenschaft wurde im Zuge der Revolutionskriege auch nach Deutschland exportiert, vor allem in die an Frankreich abgetretenen Gebiete, aber auch in das Königreich Westphalen und das Herzogtum Berg. Das ebenfalls zum mit Frankreich verbündeten Rheinbund gehörende Baden folgte diesem Vorbild 1809 nur stark eingeschränkt, Württemberg überhaupt nicht. Zu erwähnen ist in diesem Zusammenhang auch das Preußische Emanzipationsedikt von 1812.

Ein weiterer Teil dieses „Revolutionsexports" war die Idee der allgemeinen Wehrpflicht. Der Genuss der vollen Staatsbürgerrechte bedingte die Erfüllung der Wehrpflicht, ebenso wie die Teilhabe am Kriegsdienst die Aufnahme in die Staatsbürgergemeinschaft verbürgen sollte – so die Theorie. Die Praxis war verworren und widersprüchlich, nicht zuletzt im Hinblick auf die deutschen Juden, denen vielfach die Eignung zum Militärdienst – und damit gleichzeitig die zur Staatsbürgerschaft – abgesprochen wurde, obwohl sich viele von ihnen patriotisch gezeigt und in den Kriegen gegen Napoleon militärisch bewährt hatten.[6] Die Hoffnung, durch das Mitwirken an den sogenannten „Befreiungskriegen" die Eintrittskarte für die deutsche Nation zu lösen, erfüllte sich nicht. Auch in den Armeen des Deutschen Bundes mussten die Juden, trotz ihrer Verdienste, weiterhin zahlreiche Zurücksetzungen ertragen.[7]

In der Zeit der „Einigungskriege" wiederholte sich dieses Muster. Die deutschen Juden, inzwischen sehr viel stärker in die deutsche Gesellschaft eingewoben als zu Beginn des Jahrhunderts, zeigten vielfach einen Nationalismus und eine Opferbereitschaft, die dem ihrer christlichen Umgebung in nichts nachstand. In dieser Zeit erfolgte auch der formale Abschluss des Emanzipationsprozesses durch die völlige rechtliche Gleichstellung der jüdischen mit den christlichen Deutschen: 1862 in Baden, 1864 in Württemberg, 1869 im Norddeutschen Bund und 1871 schließlich im Deutschen Reich.

Dessen ungeachtet hatten nicht konvertierte Juden seit den 1880er-Jahren keine Chance mehr, in den Offiziersstand aufzurücken. 1907 waren von den 33 607 Offizieren und Beamten im Offiziersrang ganze 16 Juden, die, soweit bekannt, allesamt in der bayerischen Armee dienten.[8] Noch am Vorabend des Ersten Weltkriegs dienten in der deutschen Armee lediglich 46 jüdische Reserve- und 42 Landwehroffiziere, sämtlich in der bayerischen Armee.[9] Walther Rathenau, der wie viele andere vor und nach ihm vergeblich den zum Offiziersrang befähigenden Einjährig-Freiwilligen-Dienst ableistete und sich doch mit dem Rang eines Vizewachtmeisters zufriedengeben musste, beschrieb die Wirkung dieser Diskriminierung 1911 eindrücklich in seinem Aufsatz „Staat und Judentum": Für jeden nicht konvertierten Juden komme

„der schmerzliche Augenblick, [...] an den er sich zeitlebens erinnert: wenn ihm zum ersten Male voll bewußt wird, daß er als Bürger zweiter Klasse in die Welt getreten ist und keine Tüchtigkeit und kein Verdienst ihn aus dieser Lage befreien kann."[10]

Kriegsbeginn und Integrationshoffnung

Dieser jahrzehntelangen Diskriminierung ungeachtet zeigten die Juden die gleiche Mischung aus Entschlossenheit und Unsicherheit, aus Kriegsbegeisterung und Friedenssehnsucht wie die nicht-jüdischen Bürger, als Deutschland 1914 in den Krieg zog. So demonstrierten auch sie die für jene Tage typische Kampfbereitschaft. „Glaubensgenossen! Wir rufen Euch auf, über das Maß der Pflicht hinaus Eure Kräfte dem Vaterland zu widmen!", gab, wie schon eingangs zitiert, der „Centralverein deutscher Staatsbürger jüdischen Glaubens" den ausrückenden Soldaten mit auf den Weg, und in ähnlich pathetischen Worten äußerten sich auch die anderen jüdischen Vereinigungen inklusive der Zionisten.[11] Kaum eine Bevölkerungsgruppe in Deutschland hat das Versprechen Wilhelms II., „keine Parteien mehr" zu kennen, häufiger beschworen als die Juden. Denn obwohl sie seit über vier Jahrzehnten gleichberechtigte Staatsbürger gewesen waren, blieben Vorurteile und Abneigung, von skrupellosen Agitatoren geschürt, in der Gesellschaft gegenwärtig. Nun aber schien das alles vergessen. Die antisemitische Hetzpresse schwieg, und erstmals seit Jahrzehnten wurden sogar wieder Juden zu preußischen Offizieren befördert.

Die Hoffnung, sich durch demonstrativen Patriotismus aus ihrer Außenseiterrolle befreien zu können, teilten die deutschen Juden mit den Sozialdemokraten. Und so war es der jüdische SPD-Reichstagsabgeordnete Ludwig Frank, der als Kriegsfreiwilliger bereits am 4. September 1914 fiel – als einziges Parlamentsmitglied. Und noch eines verband Juden und Sozialdemokraten: ihre von der Reichsregierung geschickt ausgenutzte Abneigung gegen das zarische Russland, das als Hort der Pogrome und der Unterdrückung galt, als Inbegriff der Rückständigkeit. Die zionistische „Jüdische Rundschau" etwa schrieb, „daß der Sieg des Moskowitertums jüdische und zionistische Hoffnungen [...] vernichtet. [...] Denn auf deutscher Seite ist Fortschritt, Freiheit und Kultur."[12] Einige wenige wie Albert Einstein wandten sich, von soviel Chauvinismus entsetzt, dem Pazifismus zu, wenngleich erst sehr spät. Andere zeigten alle Symptome jener chauvinistischen Verirrung, die viele nicht-jüdische Deutsche ebenfalls an den Tag legten. Nachum Goldmann etwa, 1926 bis 1933 Leiter der „Zionistischen Vereinigung" in Deutschland, später Gründer und langjähriger Präsident des „Jüdischen Weltkongresses", pries 1915 den „Geist des Militarismus", und auch unter den Unterzeichnern des berüchtigten „Aufrufs der 93 an die Kulturwelt" waren prominente Juden: Max Reinhardt, Max Liebermann und Paul Ehrlich.[13] Die beiden Letztgenannten gaben ihre britischen Ehrungen zurück, Ernst Lissauer verfasste den „Haßgesang gegen England", das populärste Kriegsgedicht überhaupt.[14] Dafür zeichnete ihn der Kaiser sogar mit dem Roten Adlerorden aus.

Antisemitismus und „Burgfrieden"

Solch allerhöchster Gunstbezeugungen ungeachtet brachen jedoch die Antisemiten den emphatisch verkündeten „Burgfrieden" sehr schnell. Houston
Stewart Chamberlain etwa, Schwiegersohn Richard Wagners und antisemitischer Theoretiker, zeigte sich im September 1914 noch reumütig, weil
die Juden „ihre Pflicht vor dem Feinde und daheim"[15] getan hatten; doch
bald schon fand er zu seinem alten Hass zurück. Ähnlich hielt es der Leipziger Antisemit Theodor Fritsch, dessen „Reichshammerbund" bereits seit
Ende August 1914 wieder „Belastungsmaterial" gegen die Juden sammel-
te.[16] Die schlimmsten Auswüchse antisemitischer Propaganda wurden allerdings von der Militärzensur unterdrückt. Erstmals verhinderte das
kaiserliche Deutschland systematisch (wenngleich keineswegs umfassend)
mit staatlichen Exekutivmitteln die antisemitische Agitation in der Öffent-
lichkeit.[17] Die Judenfeinde griffen daher zum Mittel der Denunziation. Ihre
erste Kampagne richtete sich gegen die angeblich „wie ein Heuschrecken-
schwarm über das deutsche Reich"[18] herfallenden Juden aus dem deutsch
besetzten Osteuropa. Etwa 50 000 ostjüdische Arbeiter lebten bereits vor
dem Krieg in Deutschland, nach 1914 kamen rund 30 000 hinzu, die Hälfte
davon als Zwangsarbeiter.[19]

Sie waren für die Kriegswirtschaft ebenso unverzichtbar wie der Chemiker Fritz Haber, der Reeder Albert Ballin oder der Großindustrielle und
spätere Reichsaußenminister Walther Rathenau. Haber, 1893 zum Protes-
tantismus konvertiert, stellte als Initiator und Organisator des völkerrechtswidrigen Giftgaskriegs auf deutscher Seite das wohl tragischste Beispiel
demonstrativer deutsch-nationaler Gesinnung dar. Ballin organisierte im
Herbst 1914 die deutsche Getreideversorgung. Doch es war vor allem Rathenau, der die deutsche Kriegswirtschaft 1914/15 als erster Leiter der auf
seinen Vorschlag hin gegründeten Kriegsrohstoffabteilung im Preußischen
Kriegsministerium prägte. Juden in einigen leitenden Positionen der von
Mangel und Verteilungskonflikten geprägten Kriegswirtschaft, in der viele
Menschen um ihr täglich Brot kämpfen mussten – das war ein Glücksfall
für die Antisemiten, die das alte Klischee vom „jüdischen Wucherer" be-

gierig aufwärmten. Die antisemitische Propaganda drang sogar in die Behörden ein. So hieß es in dem Stimmungsbericht eines stellvertretenden Generalkommandos Anfang 1917: „In den Städten verdienen Juden an allen Lebensmitteln [...], auf dem Lande tritt dem Besitzer bei der Abnahme von Vieh [...] fast immer ein Jude entgegen, der mühelos und ohne Gefahr die sehr hohen Provisionen einsteckt."[20] Angesichts solcher Ressentiments klagte Ende 1917 der Leipziger Rabbiner Felix Goldstein: „Es scheint [...] national zu sein, wenn man an Kanonen und Panzerplatten verdient [...], wohingegen bei Eiern und Strümpfen der Landesverrat einsetzt."[21] Und schon im August 1916 hatte Walther Rathenau prophezeit: „Je mehr Juden in diesem Krieg fallen, desto nachhaltiger werden ihre Gegner beweisen, dass sie alle hinter der Front gesessen haben, um Kriegswucher zu betreiben. Der Haß wird sich verdoppeln und verdreifachen."[22]

„Judenzählung" im Herbst 1916

Rathenau sollte Recht behalten, denn auch im Heer wuchs der Antisemitismus bald wieder. Desillusioniert vertraute etwa im September 1916 der Vize-Feldwebel Julius Marx seinem Tagebuch an: „Ich möchte hier nichts sein als ein deutscher Soldat – aber man sorgt nachgerade dafür, daß ich's anders weiß."[23] Schlimmer noch als der Vorwurf der „Kriegsgewinnlerei" war in diesem menschenverschlingenden Krieg die heimtückische Behauptung, viele Juden entzögen sich dem Frontdienst. Seit Ende 1915 überschwemmten die Antisemiten das Preußische Kriegsministerium mit anonymen Eingaben. Eine prominente Rolle in dieser Agitation spielte der „Alldeutsche Verband". Dessen Vorsitzender, Heinrich Claß, hatte seine Judenfeindschaft lange gezügelt, griff nun jedoch darauf zurück, um wieder Einfluss auf das Regierungshandeln zu gewinnen.[24] Diese Agitation hatte schließlich Erfolg, denn am 11. Oktober 1916 ordnete der Preußische Kriegsminister Adolf Wild von Hohenborn unter dem aktenstaubtrockenen Titel „Nachweisung der beim Heere befindlichen wehrpflichtigen Juden" eine von den Zeitgenossen schlicht „Judenzählung" genannte Statistik an.

Zwar lautete deren offizielle Begründung, man wolle den Vorwurf der „Drückebergerei" lediglich nachprüfen, um ihm „gegebenenfalls entgegentreten zu können"[25]. Doch alle gegenteiligen Beteuerungen halfen nichts: Mit diesem Erlass übernahm das Ministerium antisemitische Stereotype und legte einen staatlich verordneten Antisemitismus an den Tag.

Die jüdischen Soldaten waren entsetzt. „Pfui Teufel! Dazu hält man nun für sein Land den Schädel hin"[26], rief Julius Marx aus, als er mit dem Fragebogen des Kriegsministeriums konfrontiert wurde, und die Monatszeitschrift des „Centralvereins" sprach gar davon, dass sich die jüdischen Soldaten fühlten, als sei ihnen „der gelbe Schandfleck angeheftet worden"[27].

Die „Judenzählung" kann allerdings nicht allein durch den Antisemitismus erklärt werden. Sie sollte präventiv die nach dem Krieg zu erwartenden Forderungen nach vollständiger Öffnung der Offizierslaufbahn für Juden abwehren. Wichtig ist auch der Zusammenhang mit der Ausbildung der „verdeckten Militärdiktatur" unter Generalstabschef Paul von Hindenburg und seinem Adlatus Erich Ludendorff, der totalen Mobilmachung aller menschlichen und industriellen Ressourcen sowie der aggressiven Agitation gegen den Reichskanzler Theobald von Bethmann Hollweg. Der war gewiss kein Liberaler oder gar Demokrat. Aber er war doch Realist genug, um zu erkennen, dass innenpolitische Reformen notwendig waren und der Krieg notfalls auch ohne militärischen Sieg beendet werden musste. Das genügte, um ihn als „Flaumacher" zu diffamieren und das Schreckbild einer Regierung unter „alljüdischer" Leitung zu malen; einmal mehr bildete der „Alldeutsche Verband" hier die Speerspitze der judenfeindlichen Agitation.[28]

Angesichts dieser größten statistischen „Ungeheuerlichkeit, deren sich jemals eine Behörde schuldig gemacht hat"[29], wie der Soziologe Franz Oppenheimer meinte, waren die Reaktionen der jüdischen Verbände ungewöhnlich gedämpft. Weil sie weder die antisemitische Glut weiter anheizen noch Deutschlands Kriegsgegnern neuen Propagandastoff liefern wollten, protestierten sie nur im Stillen. Zu mehr als dem gequälten Eingeständnis, „dass das Verhalten der jüdischen Soldaten und Mitbürger während des Krieges keine Veranlassung zu der Anordnung [...] gegeben hat"[30], ließ sich der neue Preußische Kriegsminister Hermann von Stein gegenüber dem Vorsitzenden des „Verbandes der deutschen Juden", Oscar Cassel, jedoch nicht bewegen.

Die Ergebnisse der „Judenzählung" wurden nie veröffentlicht, worin die Antisemiten eine Bestätigung ihrer Vorwürfe erblickten. Nach Kriegsende wurden dem radikalvölkischen Autor Alfred Roth die amtlichen Quellen zugespielt, anhand derer er den angeblichen Beweis für die Wahrheit jenes Spruches erbrachte, der 1918 an der Front kursierte: „Überall grinst ihr Gesicht, nur im Schützengraben nicht!"[31] Franz Oppenheimer und andere entlarvten die Taschenspielertricks, mit denen Agitatoren wie Roth die an sich schon fragwürdige Statistik weiter verfälscht hatten. Seriöse Hochrechnungen zeigten, dass unter rund 550 000 deutschen Staatsbürgern jüdischer Religionszugehörigkeit knapp 100 000 Kriegsteilnehmer waren, von denen 77 Prozent an der Front standen. Allein die Zahl von 30 000 Kriegsauszeichnungen und 12 000 Gefallenen beweist ihre Opferbereitschaft. Nach 1933 wurden die „Frontkämpfer" daher zunächst noch von einigen antijüdischen Maßnahmen des Nazi-Regimes ausgenommen, doch spätestens 1935 war es auch damit vorbei. Kein im Weltkrieg erworbenes Eisernes Kreuz schützte sie später vor der Deportation in den Tod.

Sündenböcke der Niederlage

Angesichts der Niederlage rief der „Alldeutsche" Heinrich Claß im Oktober 1918 dazu auf, die katastrophale Lage Deutschlands „zu Fanfaren gegen das Judentum und die Juden als Blitzableiter"[32] zu benutzen. Die „Dolchstoßlegende"[33] war geboren, derzufolge Deutschland nicht der militärischen Überlegenheit der Entente, sondern einer internationalen Verschwörung von Sozialisten, Pazifisten und Juden erlegen war, obwohl beispielsweise Walther Rathenau bis zuletzt zum „Durchhalten" aufgerufen hatte. Seit der Oktoberrevolution in Russland gewann auch die Behauptung der Identität von Revolution und Judentum durch den Hinweis auf führende Revolutionäre jüdischer Herkunft wie Leo Trotzki eine scheinbare Plausibilität im verunsicherten Bürgertum. 1941 diente der „Kampf gegen den jüdischen

Bolschewismus" als Propagandafanfare für den Überfall auf die Sowjetunion und half, Hemmungen vor dem systematischen Judenmord abzubauen. Die Affäre um den CDU-Bundestagsabgeordneten Martin Hohmann, der in einer Rede am 3. Oktober 2003 über die Anwendbarkeit des Begriffes „Tätervolk" auf die Juden wegen ihrer vermeintlich maßgeblichen Beteiligung an den Verbrechen des Bolschewismus räsonierte, hat gezeigt, dass diese Gleichsetzung bis heute herumgeistert.

So kamen im Krieg all jene Zutaten zusammen, die zu einer markanten Radikalisierung und gesteigerten Gewaltbereitschaft des Antisemitismus nach 1918 führten. Das uralte Motiv des „jüdischen Schmarotzers" erstand in Gestalt des „Kriegsgewinners" neu. Der vermeintlich „zersetzende", liberal-individualistische Jude des 19. Jahrhunderts wandelte sich in den „bolschewistischen Revolutionär". Und einmal mehr galten die Juden als national illoyale, „wurzellose Kosmopoliten". Viele Deutsche akzeptierten diesen Wahn als Realität. Der Schriftsteller Jakob Wassermann schrieb 1921 verbittert über seine Mitbürger: „Es ist vergeblich, in das tobsüchtige Geschrei Worte der Vernunft zu werfen. [...] Es ist vergeblich, für sie zu leben und für sie zu sterben. Sie sagen: er ist ein Jude."[34]

Die im Weltkrieg erlittenen Anfeindungen blieben auf die deutschen Juden nicht ohne Wirkung und lösten eine intensive Debatte um „Deutschtum und Judentum" aus, deren prominenteste Protagonisten Hermann Cohen und Martin Buber waren.[35] Der Streit um die Möglichkeiten und Grenzen der Synthese von deutscher und jüdischer Identität trug zu einer viel diskutierten „Renaissance des Judentums" bei, die verstärkt worden war von der Begegnung jüdischer Soldaten mit der vermeintlich authentischen Lebenswelt der Juden im Osten Europas. Dennoch blieben sowohl Zionisten als auch Orthodoxe unter den deutschen Juden in der Minderheit. Die Mehrheit erhoffte weiterhin nur eines: als Deutsche friedlich unter Deutschen leben zu können.

Episode oder Wasserscheide?

Damit kommen wir zurück zur Ausgangsfrage: War der Antisemitismus im Ersten Weltkrieg eine Episode oder *die* Wasserscheide in der Geschichte des Antisemitismus im 20. Jahrhundert? Peter Pulzer hält die „Judenzählung" für „das deutlichste Zeichen dafür, inwieweit der ‚Geist von 1914' verflogen war"[36], weil „sich die deutschen Juden in einmaliger Weise erneut diskriminiert und abgesondert sahen. Die soziale Integration bei gleichzeitiger Bewahrung des Judentums", so Monika Richarz' darauf aufbauendes Fazit, „hatte sich als unerfüllbare Hoffnung erwiesen."[37] Noch weiter geht Jacob Rosenthal, der die „Judenzählung" auf eine Stufe mit der „Boykottaktion" vom 1. April 1933 stellt[38] und sie dadurch als eine frühe Etappe auf dem Weg nach Auschwitz bewertet. Werner Angress kommt dagegen zu dem Schluss, dass die „Judenzählung" von 1916 *für sich genommen* „a mere episode"[39] war.

Der Patriotismus und die Opferbereitschaft der deutschen Juden wurden im Ersten Weltkrieg zweifelsohne bitter verhöhnt. Doch neuere Forschungen legen nahe, diese Erfahrungen nicht allzu leichtfertig in die Perspektive der Jahre 1933 oder 1941 zu rücken. Zwar gab es immer wieder Anfeindungen, der Antisemitismus hat im Großen und Ganzen aber nicht die Kriegserfahrungen der jüdischen Soldaten geprägt.[40] Diese Beobachtung dürfte auch auf das bayerische Regiment List zutreffen, in dessen Reihen bekanntlich der Gefreite Adolf Hitler diente.[41] Ebenso war in der Weimarer Republik die Erinnerung an die Kriegstoten etwas, das Juden und Nicht-Juden mehr verband als trennte.[42] Erst ab 1933 wurden die deutschen Juden systematisch aus der Gedenk- und Trauergemeinschaft des deutschen Volkes ausgeschlossen.

Um den Stellenwert der Erfahrungen der deutschen Juden während und nach dem Weltkrieg einzuschätzen, erscheint es darüber hinaus notwendig, die Perspektive zu weiten. Unter staatlicher Diskriminierung hatten andere Bevölkerungsgruppen während des Weltkriegs womöglich noch mehr gelitten als die Juden, vor allem die nationalen Minderheiten. Die Elsass-Lothringer an der Front und in der Heimat waren buchstäblich vom ersten bis zum letzten Kriegstag einer engmaschigen Kontrolle und einer Vielzahl diskriminierender Sonderregelungen bei Aufenthaltsgenehmigungen, Heimaturlauben und Postkontrolle unterworfen, auch gesonderte „Zählungen" im Heer gab es für sie.[43] Das Überwachungs- und Repressionssystem gegenüber den Elsass-Lothringern (und gegenüber den polnischsprachigen Soldaten aus Preußens Osten sowie gegenüber den dänischsprachigen Bewohnern Schleswig-Holsteins) trug schon Züge des später von Ernst Fraenkel beschriebenen „Doppelstaates".[44] *Verglichen damit* waren die alltäglichen Anfeindungen der deutschen Juden und auch die zweifelsohne skandalöse „Judenzählung" ein Fall von „Risches" – lästig, verletzend, entehrend, aber eine grundsätzlich neue Qualität der Verfolgung ist nicht erkennbar. Diese trat erst nach der nationalsozialistischen Machtübernahme 1933 ein – dann freilich mit einer Systematik und Brutalität, die bis heute Entsetzen auslöst.

CORNELIA HECHT, STUTTGART

„... JETZT IST FÜR MICH DER EINZIG MÖGLICHE PLATZ IN DER LINIE IN REIH UND GLIED" (LUDWIG FRANK) – KRIEGSERFAHRUNGEN JÜDISCHER WÜRTTEMBERGER UND BADENER

Wie die jüdische Bevölkerung im gesamten Deutschen Reich hatten auch die jüdischen Württemberger und Badener mit dem von Wilhelm II. propagierten „Burgfrieden" die Erwartung verbunden, nun als Deutsche am patriotischen Aufbruch teilhaben und ihre Loyalität unter Beweis stellen zu können. Diese Hoffnung erwies sich als Trugschluss. Zu den Kriegserfahrungen jüdischer Deutscher gehörten nicht nur Tod und Sterben an den Fronten des Kriegs, sie hatten sich mit antisemitischen Ressentiments und Vorwürfen der Drückebergerei bzw. der sogenannten „Jüdischen Kriegsgewinnler" auseinanderzusetzen. Für viele wurde die 1916 verordnete „Judenzählung" zu einer tiefen Kränkung.

Der Aufsatz arbeitet anhand von Erinnerungen sowie zeitgenössischen Berichten und Kommentaren in jüdischen Zeitungen und Zeitschriften am Beispiel des deutschen Südwestens heraus, mit welchen Erwartungen Juden in den Krieg zogen, was sie an der Kriegs- und Heimatfront erlebten und wie sie gegebenenfalls ihre Enttäuschung über die Zunahme des Antisemitismus zum Ausdruck brachten.

Jüdische Soldaten aus Württemberg, Hohenzollern und Baden

Unmittelbar nach Kriegsende führte der Landesverband Württemberg des „Centralvereins deutscher Staatsbürger jüdischen Glaubens (C.V.)" eine Umfrage unter den jüdischen Frontkämpfern durch, die er 1926 in einer Broschüre veröffentlichte.[1] Dadurch besitzen wir detaillierte Informationen über Einsatzdauer und -orte der jüdischen Soldaten aus Württemberg und Hohenzollern. Von dort nahmen etwa 1700 jüdische Frontsoldaten am Ersten Weltkrieg teil. Auch vier im Ersten Weltkrieg eingesetzte Feldrabbiner kamen aus dem Südwesten: Arnold (Aron) Tänzer aus Göppingen, Hermann (Heymann) Chone aus Konstanz, Sali Levi aus Walldorf (lebte zu Kriegsbeginn in Breslau) und Hugo Schiff aus Hoffenheim.[2]

Aus Baden leisteten 4758 jüdische Soldaten Kriegsdienst an der Front, was ungefähr 18 Prozent der dort ansässigen jüdischen Bevölkerung entsprach.[3] Freiwillig zum Kriegseinsatz meldeten sich etwas mehr als 10 Prozent oder 488 jüdische Männer, 589 fielen oder galten nach dem Krieg als vermisst, 1960 erhielten Kriegsauszeichnungen.

Einer jener Kriegsfreiwilligen aus Baden war der SPD-Politiker Ludwig Frank aus Mannheim. 1874 in Nonnenweier geboren, war er einer der prominentesten jüdischen SPD-Politiker Badens, der es bis zum Reichstagsabgeordneten gebracht hatte. Gegen den Widerstand seiner Partei hatte Frank sich vehement für die Bewilligung der Kriegskredite eingesetzt. Er war überzeugt, dass die Sozialdemokraten nun ihre Loyalität dem Vaterland gegenüber unter Beweis zu stellen hatten. Am 29. Juli 1914 betonte Frank vor Arbeitern in Mannheim: „Wir ‚vaterlandslosen‘ Gesellen wissen aber, dass wir, wenn auch Stiefkinder, so doch Kinder Deutschlands sind und dass wir uns unser Vaterland gegen die Reaktion erkämpfen müssen. Wenn ein Krieg ausbricht, so werden also auch die sozialdemokratischen Soldaten gewissenhaft ihre Pflicht erfüllen."[4] Als „Stiefkinder" empfanden sich gleichfalls viele jüdische Deutsche, und in Frank vereinte sich eine doppelte Außenseiterrolle: Sozialdemokrat und Jude. Man darf wohl davon ausgehen, dass seine jüdische Herkunft ebenso eine gewisse Rolle spielte, als Frank sich mit Kriegsausbruch sofort freiwillig meldete. In einem seiner letzten Briefe schrieb er: „Ich stehe in der Front wie jeder andere, ich werde von allen (Mannschaften wie Offizieren) mit größter Rücksicht (protzig ausgedrückt: Ehrerbietung!) behandelt. Aber ich weiß nicht, ob auch die französischen Kugeln meine parlamentarische Immunität achten. Ich habe den sehnlichsten Wunsch, den Krieg zu überleben und dann am Innenbau des Reiches mitzuschaffen. Aber jetzt ist für mich der einzig mögliche Platz in der Linie in Reih und Glied, und ich gehe wie alle anderen freudig und siegessicher."[5] Wenige Tage später, am 3. September 1914, fiel der Vierzigjährige und damit, wie Theodor Heuss in seinem Nachruf schrieb, eine „ganz große Hoffnung" der SPD, einer ihrer „unbefangensten und fähigsten Köpfe, ihrer stärksten Charaktere".[6]

Kriegserfahrungen jüdischer Soldaten

Die Kriegserfahrungen jüdischer Soldaten aus Württemberg und Baden entsprachen in weiten Teilen jenen der Soldaten christlicher Konfession. Wie alle Frontkämpfer des Ersten Weltkriegs litten sie mit zunehmender Kriegsdauer unter den körperlichen Strapazen, der mangelnden Hygiene, den Krankheiten, dem Hunger, dem Erleben von Gewalt und Tod. Erschöpfung, Heimweh und Einsamkeit gehörten ebenso zu ihren Kriegserfahrungen wie das Erleben von Massensterben und die Zermürbung des Stellungskriegs.

Was rechtfertigt es dennoch, einen Blick auf die Erfahrungen von jüdischen Deutschen während des Ersten Weltkriegs zu werfen? Worin unterscheiden sich die Kriegserlebnisse der Deutschen jüdischer von jenen Deutschen nicht-jüdischer, das heißt in der Regel christlicher Konfession? In den Ego-Dokumenten und zeitgenössischen Zeitschriften, die uns heute einen Eindruck von den Kriegserfahrungen jüdischer Deutscher vermitteln, können wir feststellen, dass neben den genannten Aspekten ein Thema immer wieder Erwähnung findet: der Antisemitismus. Nicht erst mit der sogenannten „Judenzählung"[7] vom November 1916 nahmen deutsch-jüdische Soldaten zur Kenntnis, dass der Antisemitismus, den sie nicht zuletzt durch ihren Einsatz fürs Vaterland zu überwinden gehofft hatten, ihnen immer wieder in schmerzhaftester Weise entgegentrat. Denn bereits kurze Zeit nach Kriegsausbruch offenbarte sich in den unterschiedlichsten Situationen, wie tief antisemitische Ressentiments in der Mehrheitsgesellschaft verwurzelt waren.

August 1914

Wie auch immer der einzelne deutsche Jude zum Kriegsausbruch im August 1914 stand, die deutschen Juden erfüllten ihre staatsbürgerliche Pflicht. Dieser Krieg offerierte die Chance, Vaterlandsliebe und Opferwillen für alle sichtbar zu demonstrieren.[8] Nun schien der Moment gekommen, das unter Beweis zu stellen, was unablässig in Frage gestellt worden war: die Zugehörigkeit zur deutschen Nation und die Schicksalsverbundenheit mit ihr.

Jugendstilkünstler Friedrich Adler aus Laupheim

Hugo Marx, Staatsanwalt und Richter in Heidelberg, erinnert sich an die Atmosphäre jener Tage in Heidelberg: „Am Abend zuvor hatte ich Gelegenheit im Stadtgarten, dem abendlichen Treffpunkt der Heidelberger, wo regelmäßig das städtische Orchester konzertierte, das neue Klima kennen zu lernen. Es wurden Militärmärsche gespielt und patriotische Lieder gesungen. Immer wieder wurde das Deutschlandlied angestimmt, in das Tausende von Stimmen begeistert einfielen. Ich sang ebenso begeistert mit, denn wir waren alle von dem patriotischen Taumel erfaßt, ohne uns genau darüber Rechenschaft geben zu können, wem diese leidenschaftlichen Ausbrüche galten. Das Wort, das der sonst nicht beliebte Kaiser vom Balkon seines Berliner Schlosses gesprochen hatte: ‚Ich kenne keine Parteien mehr, ich kenne nur noch Deutsche‘, war in aller Munde. Eine Zeit der völligen Verbrüderung schien in Deutschland angebrochen zu sein, so dass auch die Juden, die bis dahin in vieler Beziehung schmerzende Zurücksetzung hatten hinnehmen müssen, in den allgemeinen Jubel rückhaltlos einstimmten."[9]

Arnold Tänzer, Rabbiner in Göppingen, schreibt über die Stimmung im August 1914: „Wer doch imstande wäre, jene einzigartige Empfindung hingebungsvoller Begeisterung lebenstreu zu schildern, welche in den ersten Augusttagen des Jahres 1914 jedes deutschfühlende Herz höherschlagen ließ! ... diesen Vernichtungswillen der seit langem hierzu verschworenen Feinde kannte oder fühlte bei Kriegsausbruch jeder Deutsche, und darum war es nichts als Liebe, hingebungsvolle Liebe zum so schwer bedrohten Deutschtume, zur deutschen Heimat, zur deutschen Kultur, zum deutschen Volke, die damals alle deutschen Herzen erfüllte. Heilig und reich war damals die Empfindung der deutschen Volksseele, wenige wußten, aber alle fühlten, daß dieser Krieg uns von den Feinden aufgezwungen war, daß er der Verteidigung der Heimat gegen die drohende Vernichtung galt ...".[10]

Als in Göppingen am 1. August 1914 Extrablätter mit der Anordnung zur Mobilmachung erschienen, habe, so Tänzer, die „patriotische Stimmung" ihren Höhepunkt erreicht.[11] Es war ein Schabbat, und unmittelbar nach Ende des Gottesdienstes ging Tänzer nach Hause und verfasste einen Brief an die Israelitische Oberkirchenbehörde in Stuttgart, in dem er um seine Entsendung an die Front als Feldrabbiner ersuchte. Seinem Gesuch wurde erst ein Jahr später, im Juli 1915, stattgegeben und er durfte als Feldrabbiner an die Ostfront. Am 4. August 1914 beraumte er einen Sondergottesdienst an, um die 30 jüdischen Soldaten, die aus seiner Gemeinde in den Krieg zogen, zu verabschieden und ihnen „Gottes Wort und Segen mit auf den Weg zu geben".[12]

Das Vaterland rief seine Söhne zu den Waffen, und vom deutschen Staatsbürger jüdischen Glaubens bis zum Zionisten kamen alle diesem Ruf nach. Zweifelsohne waren die deutschen Juden als Mitglieder einer exponierten und gerade in Krisenzeiten in besonderer Weise beobachteten Minderheit einem erheblichen „Loyalitätsdruck" ausgesetzt.[13]

Josef Zürndorfer, ein aus Rexingen nahe Horb in Württemberg stammender Fliegerleutnant, zog „als Deutscher" ins Feld, „um mein bedrängtes Vaterland zu schützen. Aber auch als Jude, um die volle Gleichberechtigung meiner Glaubensgenossen zu erstreiten".[14] Zürndorfer rückte unmittelbar nach Kriegsbeginn ein. Schon Ende September 1914 erhielt er als einer der ersten seines Regiments „wegen besonderer Tapferkeit vor dem Feinde" das Eiserne Kreuz II. Klasse und wurde zum Offizier-Stellvertreter ernannt.[15] Weitere Auszeichnungen folgten. Als einer der wenigen deutschjüdischen Soldaten machte Zürndorfer eine Ausbildung zum Flugzeugführer. Bei seinem Examensflug am 19. September 1915 kollidierte jedoch ein anderer Flugschüler mit seiner Maschine und beide Piloten kamen ums Leben.

Im August 1914 konnten die deutschen Juden noch mit einiger Berechtigung hoffen, die nationale Bedrohung durch einen äußeren Feind und ihr engagiertes Eintreten für das Vaterland würden ihre Gleichstellung und Integration vorantreiben. Die Kriegsteilnahme erschien – wie für Sozialdemokraten und Katholiken – als nationale Bewährungsprobe. Die Demonstration von Loyalität, Patriotismus und Opferbereitschaft konnte, so meinten sie, nichts anderes zum Ergebnis haben, als die Gleichstellung von jüdischen und nicht-jüdischen Deutschen. Der „Burgfriede" des Kaisers – „Ich kenne keine Parteien mehr, ich kenne nur Deutsche" – war ein „Versöhnungsangebot", das die deutschen Juden begeistert begrüßten. Nichts habe ihnen „mehr moralischen Auftrieb" gegeben „seit Inkrafttreten der Gleichberechtigung 1869", urteilt der Historiker Peter Pulzer.[16]

„In schicksalsernster Stunde" forderte der „Centralverein deutscher

Staatsbürger jüdischen Glaubens", die mitgliederstärkste Vereinigung der deutschen Juden, die Glaubensgenossen im August 1914 auf, „über das Maß der Pflicht hinaus Eure Kräfte dem Vaterland zu widmen! Eilet freiwillig zu den Fahnen! ... stellet Euch durch persönliche Hilfeleistung jeder Art und durch Hergabe von Geld und Gut in den Dienst des Vaterlandes!"[17]

Auch zahllose Zionisten meldeten sich freiwillig zur Verteidigung des Vaterlandes.[18] Im Aufruf der „Zionistischen Vereinigung für Deutschland" hieß es: „Wir stammesstolzen Juden (gehören) zu den besten Söhnen unseres Vaterlandes. ... Wir rufen Euch auf, im Sinne des alten jüdischen Pflichtgebots mit ganzem Herzen, ganzer Seele und ganzem Vermögen Euch dem Dienst des Vaterlandes hinzugeben."[19] Sogar bereits nach Palästina übersiedelte deutsche Juden wie der seit 1909 in Haifa ansässige Arzt Elias Auerbach „kamen freudig, weil nicht nur die Pflicht, sondern vor allem die Liebe zu unserem Geburtsland uns rief".[20] „Die Kriegsbegeisterung", schrieb Kurt Blumenfeld in seinen Erinnerungen, „hatte in der ersten Zeit auch die meisten Zionisten gepackt, denn der deutsche Zionismus, mit Ausnahme von wenigen, war deutsch orientiert und hoffte auf den Sieg der Zentralmächte."[21]

Im Oktober 1917, fast ein Jahr nach der „Judenzählung" erinnerte sich der Soziologe Franz Oppenheimer nochmals an jene Tage im August 1914, als „durch die Herzen der deutschen Juden das starke Wollen" ging: „Jetzt fechten wir uns heraus aus dem Viertelbürgertum, dem verhassten Metökentum, in die Vollbürgerschaft. Jetzt können und wollen wir zeigen, daß wir unser Vaterland nicht minder heiß lieben als alle anderen, jetzt wollen und werden wir beweisen, daß in uns nicht weniger Kraft und Mut und Opferfreudigkeit lebendig ist."[22]

Der in Frankfurt am Main tätige Rabbiner Georg Salzberger glaubte zu Anfang des Kriegs noch, im Krieg herrsche der „Geist unterschiedsloser Kameradschaft", Nicht-Juden würden Juden jetzt erst richtig kennen, „verstehen" und „achten" lernen.[23]

Die deutschen Juden hatten in diesem Krieg eine doppelte Aufgabe zu erfüllen, wie im Feldpostbrief eines 1889 in Aub geborenen Kaufmannes an seine Mutter zu lesen ist: „Und sieh doch liebes Mutterl, für was ich mein Leben aufs Spiel setze! ... Nicht nur, daß wir unsere Lieben, des Va-

terlandes Ehre schützen, nein, ich und alle Juden im Heere haben eine größere Aufgabe. Wir müssen die Ehre des Judentums bewahren, müssen den
anderen zeigen, daß auch wir einen Begriff von Ehre und Ehrgeiz haben,
müssen ihnen zeigen, daß wir Juden auch Männer sind, keine Feiglinge.
Dies soll unserem Judentum zugute kommen, damit der Jude von keinem
Deutschen mehr verachtet wird und wirkliche Gleichberechtigung erlangt
…".[24]

Ähnliches lesen wir in einem Brief, den am 27. Januar 1915 ein Land-
wehroffizier aus Heilbronn aus dem Lazarett nach Hause an seinen Freund
schreibt: „… ich habe das Gefühl, daß jeder Jude gegenwärtig, in der
Stunde, in der das Vaterland in Gefahr ist, über das Maß der Schuldigkeit
und des Pflichtgefühls hinaus auf seinem Platz ausharren muß! Nachdem
ich mir der hohen Ehre bewußt bin, für mein teures Vaterland an der Front
mitzukämpfen und mitzusiegen, werde ich auch nachher an der Front sein,
mitzureden, wenn es heißt, für eine Gleichberechtigung unserer Glaubensgenossen auf allen Gebieten einzustehen. Diese Motive veranlassen mich,
den gegenwärtigen Kampf um unser Dasein nicht etwa hinter der Front
mitzumachen: Ich kämpfe, wie jeder Deutsche, um später als Deutscher für
das Recht deutscher Juden einstehen zu können …".[25]

Es waren nicht wenige unter den deutschen Juden, die davon ausgingen,
durch Leistungen im Krieg die Achtung und den Respekt ihrer nicht-jüdischen Kameraden zu erhalten und dem Antisemitismus durch ihr eigenes
Beispiel jede Grundlage zu entziehen. Schwer von Granatsplittern gezeich-
net, schrieb Berthold Elsaß, 1885 in Ludwigsburg geboren, seinem Freund,
er habe sich nach der ernsten Verletzung und den vier Löchern im Körper
freiwillig zur Front zurück gemeldet. „Hoffentlich erreichen wir Juden mit
diesem Krieg auch endlich die Gleichberechtigung in jeder Weise."[26]

Das Pathos, die demonstrativ formulierte Liebe zum Vaterland, die Appelle an Opferbereitschaft und Pflichterfüllung, die tiefe Überzeugung, das
Vaterland gegen Feinde verteidigen zu müssen, mögen aus heutiger Sicht
befremdlich erscheinen. Werden diese Aussagen und Appelle jedoch jenseits ihrer pathetischen Tonlage und des darin enthaltenen nationalen Über-
schwanges betrachtet, so offenbaren sie, welche großen Hoffnungen auf
deutsch-jüdischer Seite mit Pflichterfüllung und Engagement verbunden

Willy Bergmann aus Laupheim

waren: der Wunsch, endlich die „wirkliche Gleichberechtigung" zu erreichen. Insofern ist es kaum erstaunlich, wenn sich Enttäuschung darüber
breitmachen musste, dass Pflichterfüllung, tapferes Verhalten und Kameradschaft nicht ausreichten, um der antisemitischen Propaganda, die sich
im Laufe des Kriegs immer lauter und dreister zu Wort meldete, das Wasser
abzugraben.

Antisemitismus

Der viel beschworene Geist von 1914 war nicht von langer Dauer. Fritz
Mayer, 1893 in Schwäbisch Gmünd geboren und im Juli 1917 gefallen,
kommentierte am 21. November 1914 in einem Brief, dass er gehört habe,
in der Heimat seien antisemitische Stimmen zu vernehmen, mit folgenden
Worten: „Ich bin glücklich, nun im blutigen Ernst für die heilige Wahrheit
unserer Idee zeugen zu dürfen, und stärker als je lodert in uns die Liebe
zum deutschen Vaterland. Dass leider Gottes in der Heimat die ehrlosen
Stimmen der Verleumdung noch nicht verstummt sind, vermag uns nicht
zu entmutigen. Nur traurig, furchtbar traurig macht uns dies. Was wollen
sie denn mehr als unser Blut?"[27]
  Bereits Ende August 1914 hatte der antisemitische „Reichshammerbund" seine Mitglieder aufgefordert, „Kriegsermittlungen über die Juden
anzustellen", mittels derer überprüft werden sollte, wie viele Juden sich an
den Feldzügen beteiligten, wie hoch ihre Verluste seien und in welchem
Ausmaß sie in Einrichtungen der „öffentlichen Mildtätigkeit" mitarbeite-
ten. Dies war ein wohlüberlegter Schachzug. In der Stunde der nationalen
Bedrohung den Eindruck entstehen zu lassen, den deutschen Juden mangele
es an patriotischem Engagement und Opferbereitschaft, weshalb ihrem
Wunsch nach Gleichstellung und Integration letztlich jegliche Berechtigung fehle, war perfide. Die Antisemiten kramten das alte Märchen vom
„feigen Juden" aus der Mottenkiste und schufen unmittelbar nach Kriegsbeginn bereits die Basis für die später massenwirksam propagierte Legende
von der „jüdischen Drückebergerei".
  Wenige Wochen nach Kriegsausbruch bekamen deutsch-jüdische Sol-

daten dann auch an der Front die Zählebigkeit des antisemitischen Ressentiments zu spüren. Zunehmend ungehemmter äußerten sich nun die antisemitischen Tendenzen innerhalb des Militärs. Dem Tagebuch des Unteroffiziers Julius Marx, der aus einem kleinen Ort nahe Stuttgart stammte, ist zu entnehmen, dass er bereits am 7. September 1914 mit dem Vorurteil des „feigen Juden" konfrontiert wurde, als er sich schlafend stellend ein Gespräch zweier Kameraden über ihn belauschte. Und nicht ohne Trauer schreibt er: „Trennt uns schon wieder jener Abstand, kaum überbrückt in den ersten Tagen der Begeisterung".[28] Am 5. Oktober 1914 vertraute er seinem Tagebuch an: „Seit einiger Zeit kann ich es ja mit Händen greifen, dass man mich als Juden scheel ansieht. Bei Kriegsbeginn schien jedes Vorurteil verschwunden, es gab nur noch Deutsche. Nun hört man wieder die alten verhassten Redensarten. Und plötzlich ist man einsam inmitten von Kameraden, deren Not man teilt, die einem ans Herz gewachsen sind, mit denen man für die gemeinsame Sache marschiert."[29]

Der Vorwurf der Feigheit kränkte Marx so sehr, dass er sich in der Folgezeit nicht nur mit Nachdruck bemühte, von seiner Versorgungseinheit zu Kampfeinsätzen versetzt zu werden, sondern auch in seinem Tagebuch – ohne es vermutlich selbst als Reaktion auf diesen Vorwurf zu realisieren – immer wieder das mutige und tapfere Verhalten deutsch-jüdischer Kameraden besonders hervorhob. Penibel registrierte er jede judenfeindliche Bemerkung von Vorgesetzten und Kameraden. Nach und nach offenbarte sich ihm, dass antisemitische Ressentiments weiter verbreitet waren, als er angenommen hatte und er war fest entschlossen, ihnen entgegenzutreten. Im Dezember 1914 berichtet er: „Link hat schon wieder einmal in seinem Rausch über den Juden geschimpft; daraufhin habe ich umgeschnallt, mich bei Hauptmann v. Degen melden lassen und diesen um Verwendung an der Front gebeten."[30] Das Stigma der Feigheit, das deutschen Juden angeheftet wurde, ließ bei vielen das Gefühl entstehen, sie müssten ihre kriegerische Tüchtigkeit und ihren Mut besonders beweisen. In einem Brief an seine Eltern schrieb ein junger deutsch-jüdischer Soldat, sie könnten wohl nicht verstehen, weshalb er einen ihm angebotenen Posten hinter der Front nicht habe annehmen können. Er habe sich nicht etwa von militärischem Stolz leiten lassen, sondern geniert, die Stelle anzutreten, „um so mehr, als ich als Jude dann doppelt schief angesehen worden wäre".[31] Auch Julius Marx berichtet von einem Kameraden, der den Anschluss an seine Kompagnie verloren hatte und der vom Ordonnanzoffizier angebrüllt wurde, er solle sich nicht herumtreiben, sondern vor an die Front und „sich meinetwegen totschlagen" lassen. Der Soldat, der angesichts starker Durchfälle unter furchtbaren Schmerzen litt, lehnte die Aufforderung von Marx, ins Lazarett zu gehen, mit den Worten ab: „Ausgeschlossen! Damit die Herrschaften noch mehr über den Juden schimpfen! Lieber soll mir's die Därme zerreissen."[32]

Während Julius Marx anfangs den antisemitischen Unterstellungen noch entgegentrat und sie durch sein eigenes Verhalten demonstrativ zu entkräften versuchte, wurde er zunehmend illusionsloser. Im Mai 1916 stellte er enttäuscht fest, es gebe in der französischen im Gegensatz zur deutschen Armee viele jüdische Offiziere.[33] Als er im September 1916 zum Offiziersanwärter ernannt wurde, notiert er: „Bei einigen Offizieren herrscht gegenwärtig eine judenfeindliche Stimmung, ihre Keimträger scheinen die Leutnants zu sein, die man uns neuerdings bescherte."[34] Was seine persönliche Beförderung behinderte, waren seiner Ansicht nach eine „gewisse Strömung" und ein paar „Rassefanatiker".[35] Im September 1916 kam bei einem Abendessen an der Front nochmals das Gespräch auf die Anerkennung jüdischer Soldaten in der französischen Armee. Ein Bauer hatte Marx erzählt, dass er einst einen Kompagnieführer hatte, der Jude war und dass kein Offizier im ganzen Regiment so beliebt gewesen sei wie dieser.[36] Marx berichtet drei jüdischen Kameraden von diesem Gespräch. Ein Student bemerkte dazu lediglich, wenn der Bauer wüsste, „wie unser Land uns sieht". Ein Leutnant, im Zivilleben Rechtsanwalt, relativierte zwar „die paar Antisemiten sind nicht das Volk", räumte allerdings ein: „Wir müssen uns durchsetzen, wir müssen beweisen, dass wir genau so gute Deutsche sind, wie unsere Kameraden – mehr noch, wir müssen uns hervortun vor allen Anderen …".[37] Darauf antwortete ihm ein Dritter: „Das ist ja alles gut und schön, aber verstehen Sie doch: Wir kämpfen nach zwei Fronten! Nach einer wäre es schon genug. – Dabei aber noch diese blöde Zurücksetzung – warum zum Teufel! Denselben Dreck hat man auf sich, wie die Anderen auch, – da ist man der Kamerad, aber sonst ist man ‚der

Jude'!" Und Marx stimmte ihm zu und kam zu dem Schluss: „Der Durchschnittsdeutsche mag eben den Juden nicht."[38]

Nur wer sich die über ideologische Grenzen hinweg hochgesteckten Erwartungen deutscher Juden an diese Kriegsteilnahme vor Augen führt, wird nachvollziehen können, wie schmerzlich die Feststellung gewesen sein muss, dass der Antisemitismus nicht einmal jetzt verstummte. Die deutschen Juden hatten gehofft, die Kriegsteilnahme werde antisemitische Vorurteile beseitigen. Dass nun gerade diese Hoffnung nicht erfüllt wurde, stellte zweifelsohne einen zentralen Aspekt der spezifisch jüdischen Kriegserfahrungen dar.

Hinzu kam die Erkenntnis einer Distanz zwischen jüdischen und nichtjüdischen Deutschen. Der Rabbiner Reinhold Lewin beschrieb in einem 1919 veröffentlichten Aufsatz, die deutschen Juden hätten durch die Begegnung mit den nicht-jüdischen Kameraden „eine unbekannte Welt" entdeckt, und erst im Weltkrieg sei ihnen die Verschiedenheit beider Welten vor Augen geführt worden.[39] Es spricht einiges für die Annahme des Historikers Paul Mendes-Flohr, dass viele Juden die „gewöhnlichen Deutschen" erst im Schützengraben wirklich kennen gelernt haben und dabei erkannten, „wie abgesondert ihr Leben eigentlich war".[40] Eine solche Feststellung wirft die Frage auf, ob deutschen Juden die weite Verbreitung antisemitischer Ressentiments unter „gewöhnlichen Deutschen" überhaupt erst im Krieg klar wurde. Denn wann waren deutsche Juden deutschen Nicht-Juden zuvor jemals so nah gekommen wie in den Schützengräben? Die Mehrheit deutscher Juden neigte vor 1914 zu einer Bagatellisierung des Antisemitismus und war der Konfrontation mit ihm nach Möglichkeit, nicht zuletzt durch die Tendenz, gesellschaftlichen Verkehr vor allem mit Glaubensgenossen zu pflegen, aus dem Weg gegangen. Im Krieg war dies nicht möglich. Insofern wäre es durchaus denkbar, dass viele erst in dieser Ausnahmesituation erkannten, was Julius Marx oben in seinem Tagebuch notiert hatte: „Der Durchschnittsdeutsche mag eben den Juden nicht." Fremdheits- und Ausgrenzungsgefühle stellten sich bei einzelnen deutschjüdischen Frontkämpfern also bereits zu einem frühen Zeitpunkt ein.

Allerdings griffen erst mit der vom preußischen Kriegsministerium angeordneten statistischen Erhebung über die Dienstverhältnisse der deutschen Juden – der „Judenzählung" vom November 1916 – Gefühle der Enttäuschung massiv um sich. Dieser ungerechtfertigte Angriff auf Ehre und Würde der deutschen Juden traf ins Mark. Die „Judenzählung" versetzte ihnen einen Schock. Sie war eine „kolossale Brüskierung" und Ehrabschneidung. Durch sie erst wurde die Aufmerksamkeit weiter Bevölkerungskreise in einem außergewöhnlichen Ausmaß auf die deutschen Juden gerichtet. Dass das nicht ohne Folgen bleiben konnte, lag auf der Hand. „Was soll der Unsinn?", empörte sich Julius Marx in seinem Tagebuch.[41] „Will man uns zu Soldaten zweiten Ranges degradieren, uns vor der ganzen Armee lächerlich machen? Man schikaniert uns, befördert uns nicht, tut aber doch entrüstet, wenn sich dann mancher den Krieg lieber von der Etappe aus ansieht –! ... Pfui Teufel!, dazu hält man für sein Land den Schädel hin."

Zwar finden wir im Tagebuch von Julius Marx zahlreiche Belege für antisemitische Ressentiments und Vorkommnisse, dennoch gab es auch deutsch-jüdische Soldaten, die mit dem Antisemitismus persönlich nicht konfrontiert wurden. So berichtete Bruno Weil 1917 in der Zeitschrift des C.V., „Im Deutschen Reich", es lasse sich eine „wirklich antisemitische Grundstimmung nirgends nachweisen".[42] Während Julius Marx in der Tat erst sehr spät eine Höhergruppierung erfuhr, wurde neben dem oben erwähnten Josef Zürndorfer gleichfalls der in Freiburg geborene Reichstagsabgeordnete Ludwig Haas bereits 1914 zum Leutnant befördert, obwohl er zu Kriegsbeginn nicht einmal Unteroffizier war.

Religion und Begegnung mit den Ostjuden

Zwei Aspekte, die im Hinblick auf jüdische Kriegserfahrungen noch Erwähnung finden sollen, sind die Bedeutung des Glaubens und die Begegnung deutsch-jüdischer Kriegsteilnehmer mit ostjüdischen Glaubensgenossen während des Ersten Weltkriegs. Im Tagebuch von Julius Marx finden sich zahlreiche Einträge, in denen er jüdische Feiertage erwähnt, die er an der Front verbringt. Häufig sind sie mit der Erinnerung an die Feierlichkeiten im Kreis der Familie in der Vorkriegszeit und mit Heimweh verbunden.[43] Im November 1915 ist er auf Heimaturlaub und geht in die Synagoge. Der Gottesdienst „übermannt" ihn. „Melodien, die ich einstmals gleichgültig vernahm, rütteln mich auf. Und dann der Kaddisch um die Toten. Es sind viel mehr, die ihn sagen als sonst – Krieg."[44]

Mehrfach beschreibt Marx Begegnungen mit Ostjuden, erstmals im Juli 1915, als er von Frankreich nach Polen versetzt wird: „Polnische Juden mit Kaftanen und Käppchen kommen in unser Lager, bieten alles Mögliche feil. Welche Armut, welche Not – blasse, schwarzbärtige Gesichter, angstvolle Unterwürfigkeit, eingesunkene dunkle Augen, ohne Glanz, ohne Glück, ohne Hoffnung. Richtung Zabiele. Judenbuben galoppieren auf ihren Pferdchen an uns vorbei, hintendrein folgt das Elend: Flüchtlinge, ihre geringe Habe auf dem Rücken, armselige Juden, müde und halb verhungert. Mit würdiger Gelassenheit tragen sie ihr trauriges Geschick, sie sind diesen Jammer, dieses Wandern ja gewohnt! Die Männer grüssen unterwürfig, die Frauen schmutzig, barfuss, mit gelben, verrunzelten Gesichtern, lächeln uns ängstlich zu. In Gedanken verloren bleibe ich am Wegrand stehen und schaue der Staubwolke des Elends nach, die sich langsam entfernt."[45] Einen Monat später gelangt seine Kompanie nach Tykocin. Auch hier treffen sie auf Juden: „Juden, Juden, lange Bärte, Schläfenlocken, Kaftane, breitkrempige Hüte. ... Geplündert haben die Russen, was nicht niet- und nagelfest war ... Frauen und Kinder, höre ich, sind, aus Furcht vor den Kosaken, seit Tagen fast ohne Nahrung in der Synagoge. ,Kosaken!' – für diese Juden die Gewalt, das Grässliche – das Ende. Nun ziehen Menschen ein in dieses Nest, die jene Mächte vor sich herjagen. Deutsche als Befreier begrüsst! Welche Genugtuung, welche Dankbarkeit auf diesen schreckdurchgerbten Gesichtern!"[46] Voller Mitgefühl beschreibt Marx die Situation der von den Russen vertriebenen jüdischen Bevölkerung. Die Armut der ostjüdischen Glaubensbrüder und deren Schicksal, seit Generationen immer wieder verfolgt und Opfer blutiger Ausschreitungen zu werden, hinterließen bei ihm einen tiefen Eindruck. Zugleich scheint er erstmals in seinem Leben auf Ostjuden zu treffen und er fühlte sich durch den gemeinsamen Glauben mit ihnen verbunden. Nach Dienstschluss machte er sich am Abend in Tykocin auf den Weg zur Synagoge. Dort gab er sich zu erkennen und wurde mit „Ä Jid, ä Jid" freundlichst empfangen.[47]

Jüdische Kriegsteilnehmer in Lichtenau an Rosh Haschana, 1915

Für viele deutsche Juden stellte der Erste Weltkrieg auch eine Möglichkeit dar, die seit Jahrzehnten unter Pogromen und Verfolgung leidenden Glaubensbrüder in Osteuropa zu befreien.[48] Zu diesem Zweck war im August 1914 ein Deutsches Komitee zur Befreiung der russischen Juden gegründet worden.[49] Nach der Besetzung Polens wurde in Warschau ein jüdisches Referat eingerichtet, das sich speziell mit der Zukunft der polnischen Juden zu befassen hatte. Geleitet wurde es von dem jüdischen Badener Ludwig Haas.[50] Auch Marx war davon überzeugt, dass die Befreiung der Juden von der „Russenherrschaft" von jenen allseits begrüßt würde. Doch im Oktober 1915 traf er im jüdischen Viertel von Wilna auf einen Juden, der ihm klarmachte, unter den Russen habe man wenigstens gewusst, woran man sei. Werde Polen jetzt deutsch, habe man ebenso wenig Rechte wie bei Russen und werde nicht weniger unterdrückt.[51]

Ebenfalls gab Arnold Tänzer in seinen Berichten an die Israelitische Oberkirchenbehörde in Stuttgart immer wieder seine Eindrücke von der Armut und dem Elend der Ostjuden wieder. Mehrfach berichtete er von der Verwüstung jüdischer Gotteshäuser durch die russische Armee. In mehreren Orten waren auf seine Initiative hin jüdische „Volksküchen" eingerichtet worden.[52] In Brest-Litowsk war bei seiner Ankunft nicht nur die Synagoge in einem vollkommen verwüsteten Zustand, sondern es fanden sich tags darauf Massen an hebräischen und jiddischen Büchern sowie eine Fülle silberner Ritualgegenstände. Von der deutschen Ortskommandantur deswegen einbestellt, sorgte er dafür, dass alles sicher verwahrt und zu einem späteren Zeitpunkt nach Deutschland gebracht wurde.[53]

Bei den deutsch-jüdischen Soldaten beobachtete Tänzer ein „außerordentliches reges" religiöses Bedürfnis und alle Feldgottesdienste erfreuten sich eines großen Interesses.[54] Als Feldrabbiner hielt er nicht nur Gottesdienste ab und verteilte jüdische Feldgebetsbüchlein, sondern besuchte jüdische Kameraden in den Feldlazaretten. Einen tiefen Eindruck hinterließen bei ihm die katastrophalen Verhältnisse der Lazarette in Brest-Litowsk. Gemeinsam mit einem christlichen Feldgeistlichen half er, die Verwundeten aus Kirchen und Synagogen in ein ehemaliges Gymnasium zu transportieren. Dicht gedrängt lagen die schwerverletzten Soldaten nebeneinander und

Tänzer schreibt: „Niemand kümmerte sich hier um die Konfession oder soziale Stellung …".[55]

Heimatfront

Die jüdischen Deutschen beteiligten sich nicht nur aktiv als Soldaten oder Feldrabbiner am Krieg, sondern engagierten sich auch in vielfältiger Weise in der Heimat. Arnold Tänzer hatte bereits Anfang August 1914 in seiner Gemeinde in Göppingen eine Sammlung für das Rote Kreuz durchgeführt und die Synagogenspenden flossen während des gesamten Kriegs karitativen Zwecken zu. Der „Israelitische Frauenverein" und der „Israelitische Jungfrauenverein" nahmen, um das Rote Kreuz zu unterstützen, einen Nähkranz wieder auf.[56]

In Stuttgart, wie an zahlreichen anderen Orten in Württemberg, Hohenzollern und Baden, beteiligten sich jüdische Deutsche durch Stiftungen und Spenden an den Kriegslasten und folgten wie die Mehrheit der Deutschen dem Aufruf zur Abgabe von Gold und Metallen. Um nur drei Beispiele von vielen zu nennen: Die Firma Gebrüder Strauss & Cie. in Cannstatt überließ dem Roten Kreuz ein Gebäude mit 20 Betten. Die Fabrikanten Adolf und Max Wolf aus Untertürkheim spendeten dem Kriegsministerium 5000 Mark für die Unterstützung württembergischer Kriegsteilnehmer in Notfällen. Hofrat Dr. Eduard Pfeiffer stiftete der Stadt Stuttgart eine Million Mark für soziale Zwecke.[57]

Auch das „Jüdische Schwesternheim" in Stuttgart wurde ganz in den Dienst des Kriegs gestellt. Seit September 1914 diente es als Hilfslazarett mit 30 Betten und finanzierte sich überwiegend durch Spenden. Der größte Teil der dort angestellten Schwestern arbeitete in Feldlazaretten an der Front, wie Rosa Bendit, die in ihrem Tagebuch anschaulich ihre Erlebnisse als jüdische Kriegskrankenschwester dokumentiert hat.[58]

Fazit

Als der Erste Weltkrieg zu Ende war, hatten die jüdischen Deutschen nicht weniger Opfer gebracht und waren vom Kriegsverlauf nicht weniger überrascht als es die christliche Mehrheit war. Zugleich blickten sie auf vier Jahre zurück, in denen sie schwere Enttäuschungen hatten hinnehmen müssen. Der Antisemitismus, vor allem aber die „Judenzählung", hatte viele zutiefst verbittert. Es hatte sich offenbart, dass es noch ein langer Weg war, bis die ersehnte Gleichstellung und mit ihr die soziale Anerkennung als gleichberechtigte Staatsbürger gesellschaftlich getragene Realität werden würden. Und doch war die Mehrheit davon überzeugt, durch ihr „Blutopfer" im Weltkrieg ihren legitimen Anspruch auf uneingeschränkte Gleichberechtigung und Anerkennung mehr als unter Beweis gestellt zu haben. Die Verfassung der ersten deutschen Demokratie brachte den jüdischen Deutschen endlich die lang ersehnte rechtliche Anerkennung als gleichberechtigte Staatsbürger. Was deutschen Juden wie die Chance zum Aufbruch in eine neue Zeit erschien, wurde allerdings massiv getrübt durch eine antisemitische Sturmflut nie dagewesenen Ausmaßes, die die Republik als „Judenrepublik" diffamierte, von „jüdischer Drückebergerei" im Krieg schwadronierte und massenwirksam die Legende vom „jüdischen Dolchstoß" propagierte.

ANNEGRET JÜRGENS-KIRCHHOFF, BERLIN

NIEDERGESCHLAGENE SOLDATEN
– DIE ‚HELDEN' DES ERSTEN WELTKRIEGS
IN DER BILDENDEN KUNST[1]

Unter den Kriegsbegeisterten des Jahres 1914 waren auch zahlreiche Künstler. Zu den hohen Erwartungen, mit denen sie in den Ersten Weltkrieg zogen, gehörte die Vorstellung, dass dieser Krieg ihre Kunst inspirieren und sie zu hervorragenden Leistungen befähigen würde. Konfrontiert mit den schockierenden Erfahrungen eines modernen Vernichtungskriegs mussten sie jedoch schon bald realisieren, dass dieser sich der künstlerischen Darstellung entzog und dass seine ‚Helden' anders aussahen als gedacht.

Die Künstler hatten zu kämpfen – mit den verheerenden Auswirkungen der Kriegsmaschine eines Stellungskriegs, mit den demütigenden und entwürdigenden Verhältnissen des Soldatenalltags und nicht zuletzt mit ihren spezifischen künstlerischen Möglichkeiten.

An einer Reihe von Soldatenbildern kann gezeigt werden, dass die Frage von Sieg und Niederlage sich nicht erst am Kriegsende stellte, sondern schon im Verlauf des Kriegs unter Bedingungen, die allen Vorstellungen und Bedürfnissen in Bezug auf ein menschenwürdiges Leben widersprachen.

Bekanntlich verflog die 1914 in Deutschland verbreitete Kriegsbegeisterung schnell angesichts der Realität des Ersten Weltkriegs. Die meisten Soldaten und auch viele Künstler hatten sich diesen Krieg anders vorgestellt. Ernst Barlach zeichnete ihn 1914 als „heiligen Krieg", eine allegorische Figur in zeitlosem Gewand, mit einem gewaltigen Schwert in den Händen.[2] Für Max Liebermann repräsentierte ein den Degen schwingender Offizier auf dem Rücken eines wild galoppierenden Pferdes die Siegesgewissheit der deutschen Truppen ganz im Sinne der kaiserlichen Parole: „Jetzt wollen wir sie dreschen!"[3] Otto Dix malte sich in einem „Selbstbildnis als Mars" als Kriegsgott mit grimmigem Mund und funkelndem, sternenbesetztem Helm, als Anführer und Aufrührer, der in Nietzsches „Zarathustra" sein leuchtendes Vorbild hatte.[4]

Die Erwartung, der Krieg, die „Größe des Stoffes"[5] werde ihre Kunst inspirieren, begleitete viele Künstler in den Krieg. Die Bilder, die ihnen dabei vorschwebten, stammen aus der langen Tradition der Historien- und Schlachtenmalerei, von Uccello, Leonardo, Callot, Goya, Vernet, Gros, Adam, Delacroix. Auch Kunsthistoriker waren davon überzeugt, dass der Krieg als „eine Schule des Talents"[6] die Künstler zu hervorragenden Leistungen befähigen würde. Karl Scheffler schrieb 1914: „Der Maler, der Bildhauer wird, wenn er als Sieger heimkehren sollte, sieghaft auch als Künstler sein."[7]

Die großen Erwartungen wurden gründlich enttäuscht. Wann immer auch den deutschen Soldaten und den Künstlern unter ihnen die Siegesgewissheit abhandengekommen sein mag, unter den künstlerischen Arbeiten, die während der Kriegsjahre entstanden, fand sich schon bald kein Beispiel mehr, das als Zeugnis der Kriegsbegeisterung aufgefasst werden könnte (ausgenommen einige Beispiele aus dem Bereich der offiziellen Bildpropaganda und der Kriegerdenkmäler). ‚Helden' allerdings waren weiterhin gefragt. Über August Macke, der bereits im September 1914 an der Westfront gefallen war, schrieb Franz Marc, bevor er selbst im März 1916 vor Verdun tödlich verletzt wurde: „Der gierige Krieg ist um einen Heldentod reicher, aber die deutsche Kunst um einen Helden ärmer geworden."[8] Max Beckmann spricht zwar in einem seiner „Briefe aus dem Kriege" 1915 vom Krieg als einem „Wunder, wenn auch ein ziemlich unbequemes", und er schreibt: „Meine Kunst kriegt hier zu fressen"[9]. Seine Kriegszeichnungen sprechen jedoch eine ganz andere Sprache. Sie lassen erkennen, wie schwer sich Beckmann tat, seinen Erfahrungen als Sanitätssoldat künstlerisch noch irgendetwas ‚Wundervolles', Vorstellungen erfolgreicher Schlachten und heldenhafter Siege abzugewinnen. In einem von Stephan von Wiese sogenannten „desorganisierten Stil"[10], das heißt unter Verzicht auf die ‚schöne Linie' und geschlossene Konturen, zeichnete er mit fahrig und nervös wirkendem Strich die Verletzten und Toten im Lazarett und schon 1914 „Marode Soldaten" (Abb. 1).

Vergleichbares gilt für andere Künstler, die als Kriegsteilnehmer zunehmend das Interesse daran verloren, sich mit dem Krieg künstlerisch auseinanderzusetzen. Selbst Otto Dix, der während der Kriegsjahre wie kaum

Abb. 1: Max Beckmann, Marode Soldaten, 1914
Tusche mit Feder, laviert, 30,5 x 47 cm, Sammlung Dr. Dieter Carl

Abb. 2: Otto Dix, Flandern, 1934-1936
Öl/Lwd, 196,9 x 248,75 cm, Berlin, Nationalgalerie

ein anderer künstlerisch produktiv blieb und der nicht aufhörte, in seinen Gouachen den Krieg als „eine scheußliche Sache, aber trotzdem etwas Gewaltiges"[11] in leuchtenden Farben darzustellen, beklagte sich zuweilen: „Ich bin jetzt tagelang nicht zum Zeichnen gekommen", schrieb er am 13. Februar 1916 an eine Freundin. „Das Wetter war garstig, Schnee und Wind (...) Außerdem schießt der Franzmann in den letzten Tagen recht arg in das Dorf, dass einem die Kunst verging."[12] Aber es lag nicht allein an den harten Bedingungen des Kriegsalltags, dass den Malern „die Kunst verging".

Über das aus nationalistisch-militaristischer Perspektive nach dem Krieg von 1870/71 noch mögliche Bild vom wilden Reitersmann strahlend hoch zu Ross, mit dem so mancher Soldat heldenmütig für Kaiser, Gott und Vaterland in den Ersten Weltkrieg gezogen war, legten sich die schockierenden Erfahrungen eines modernen, totalen Kriegs: statt blitzender, federgeschmückter Helme und farbenprächtiger Uniformen der graue Stahlhelm (der 1916 die Pickelhaube ablöste) und die von Erde und Schmutz verklebten neuen feldgrauen Uniformen; statt eindrucksvoller militärischer Formationen stürmender Heerscharen und Reiterregimenter die in den Schützengräben des Stellungskriegs kauernden oder geduckt aus ihnen hervorbrechenden Soldatenreihen, in welche die modernen Waffen in kürzester Zeit immer größere Lücken schlugen; statt Schlachtfeldern, die noch an Felder, Wald und Wiesen grenzten, Kriegslandschaften, die sich unter dem Einfluss neuester Kriegstechnik und Militärstrategien in öde Mondlandschaften verwandelten; statt der durch das Bajonett oder die Gewehrkugel getöteten Soldaten die durch die modernen Waffen grauenhaft zugerichteten, kaum noch identifizierbaren Menschenkörper. Es war kein Künstler, sondern ein französischer Soldat, der in sein Tagebuch schrieb: „Nein: nichts von den großartigen, tragischen Schlachtenbildern, wo der Tod mit einem Schlage kam, stattdessen diese kleinen, leidvollen Szenen im dunklen Winkel und von geringer Auswirkung, bei denen man nicht zu unterscheiden vermag, ob der Schlamm Fleisch ist oder das Fleisch Schlamm."[13]

„Keiner fühlt sich hier mehr als Mensch"[14], heißt es in einem Feldpostbrief vom 7. Januar 1915. Von dieser frühen Erfahrung zeugt noch Otto Dix' letztes großes Gemälde vom Ersten Weltkrieg „Flandern" (Abb. 2), das 1934-1936 gemalt wurde. Schon eine Kreidezeichnung von Dix aus dem Jahr 1916 mit dem Titel „Schlamm" verweist auf den Zustand eines Schlachtfeldes, das sich unter andauerndem Granatbeschuss und verheerenden Witterungsbedingungen in eine menschenfeindliche Schlammwüste verwandelte.[15] Der veränderte Charakter eines Stellungskriegs, der auf einem bis dahin nicht gekannten technischen Niveau und unter Einsatz von ungeheuren Mengen von sogenanntem „Menschenmaterial" geführt wurde, hatte zur Folge, dass der Krieg als Katastrophe erfahren werden konnte, in der es am Ende keine Sieger, nur noch Verlierer gab. Für die Künstler bedeutete dies in der Regel die Notwendigkeit, mit einer doppelten Niederlage fertig zu werden – mit den allgemeinen Auswirkungen des Kriegs und mit der Erkenntnis, dass der Krieg die künstlerische Produktivität nicht beförderte, sondern zunehmend einschränkte und am Ende unmöglich machte.

Das seit dem Ersten Weltkrieg immer wieder diskutierte Problem der Darstellbarkeit, das älter ist als dieser Krieg, sich aber im Zusammenhang der totalen Kriege zuspitzte, hinterließ in den künstlerischen Arbeiten seine Spuren. Es erklärt stilistische Unsicherheiten, den suchenden, experimentellen Umgang mit unterschiedlichen Darstellungsformen, die Heterogenität von Schaffensphasen, die Ambivalenz und Umdeutung von Motiven. Und es erklärt das Verstummen der Künstler und das Ausbleiben der Bilder. Es gehört zur künstlerischen Niederlage, dass sie sich nicht mehr mitteilt. Gleichwohl finden sich Bilder dieses Scheiterns. Ernst Ludwig Kirchner thematisiert in seinem „Selbstbildnis als Soldat" (Abb. 3) von 1915, das ihn als Kriegskrüppel mit einer amputierten Hand zeigt, den sicher nicht nur für einen Maler katastrophalen Verlust der Hand. Es handelt sich um eine fiktive Situation; Kirchner hat keine derartige Verletzung erlitten. Als symbolische Darstellung eines Malers in Uniform führt dieses Bild vor Augen, wie das Soldatenleben als Amputation künstlerischer Fähigkeiten erfahren wurde. Kirchners Gemälde erscheint paradigmatisch für die Selbstwahrnehmung vieler Künstler im Ersten Weltkrieg.

Abb. 3: Ernst Ludwig Kirchner, Selbstbildnis als Soldat, 1915
Öl/Lwd, 69,2 x 61 cm, Ohio, Allen Memorial Art Museum, Oberlin College

Abb. 4: Wilhelm Lehmbruck, Der Gestürzte, 1915/16
Bronze, Höhe: 78 cm, Breite: 239 cm, Duisburg, Lehmbruck-Museum

Wilhelm Lehmbruck fand 1915 mit seiner Skulptur „Der Gestürzte"
(Abb. 4) eine Formulierung für den niedergeschlagenen Soldaten, die sich
in vergleichbarer Weise sowohl auf den Ersten Weltkrieg als auch auf die
subjektive Befindlichkeit und Selbstwahrnehmung des Künstlers beziehen
lässt. Sie entspricht dem Anspruch der Expressionisten, „präzis aus unserem Material den geistigen Gehalt herauszuziehen; seinen äußersten Ausdruck"[16]. Die Figur ist ohne Vorbild und unterscheidet sich in signifikanter
Weise von dem in der Denkmalkunst verbreiteten Typus des sterbenden
Kriegers. Lehmbrucks gestürzter Jüngling ist nackt, ohne Uniform; er ist
schutzlos und lässt sich keiner Nation zuordnen; lediglich das abgebro-
chene Schwert in der rechten Hand – eine symbolische, keine zeitgemäße
Waffe – verweist auf die kriegerische Gewalt, die ihn zu Boden gezwungen
hat. Er befindet sich auf allen Vieren, der Kopf ist vornüber geneigt und
berührt den Boden. Die Haltung der Arme und Beine, die tektonische Glie-
derung der Figur, der gewölbte gespannte Rücken lassen noch Vorstellungen von Stabilität und Bewegung zu; es steckt noch Kraft in dem

überlängten, ausgezehrt wirkenden Körper. Gleichwohl sind ihm die Gefährdung und Bedrohung durch den Sturz, das Moment der Schwäche und der Niederlage anzusehen, deutlich vor allem an dem herabgesunkenen, schwer am Boden liegenden Schädel und an der kraftlos geöffneten linken Hand. „Die Umkehrung in der Kopfhaltung drückt einerseits die Niederlage aus, andererseits die Tatsache, dass die Welt des Opfers buchstäblich auf den Kopf gestellt ist."[17]

Als eine der großen Symbolfiguren des Ersten Weltkriegs bringt Lehmbrucks „Gestürzter" bereits im Jahr 1915/16 zum Ausdruck, dass die Niederlage im Krieg weniger eine Sache des Kriegsausgangs als vielmehr des Kriegsverlaufs ist. Sie gehört zu den zentralen Erfahrungen, mit denen die Soldaten konfrontiert waren, auch diejenigen, die – wie Lehmbruck, Beckmann, Heckel und andere – als Sanitäter nicht unmittelbar am Krieg beteiligt waren, sondern in den Lazaretten die Auswirkungen des Kriegs zu Gesicht bekamen. Es ist erhellend, Lehmbrucks „Gestürzten" mit dem vor 1915 schon im Kriegerdenkmal verbreiteten Typus des niedersinkenden nackten ‚Helden' mit Schwert zu vergleichen oder mit den nach 1918 zu beobachtenden Versuchen, in Kriegerdenkmälern die Darstellung der Niederlage mit der Vorstellung der christlichen Auferstehung zu verbinden, das heißt, eine transitorische Körperhaltung zu entwickeln, in der Fall und Niederlage und der Wille zum Wiederaufstehen ästhetisch und politisch lesbar werden.[18] Deutlich wird, welcher künstlerischen Anstrengungen es bedurfte, das ‚Fallen' der Soldaten im Ersten Weltkrieg realistisch darzustellen.

Die Möglichkeiten expressiver Zuspitzung und Deformation nutzte Gert Wollheim 1919 für sein großformatiges Gemälde „Der Verwundete" (Abb. 5). Das Schmerzensgeschrei auf den Schlachtfeldern, das Geheul der in ihren Qualen nahezu wahnsinnigen Soldaten teilt sich dem Betrachter hier über eine kräftige, muskulöse Männerfigur mit, die – mit einer tödlichen Bauchwunde, aus der das Blut strömt, am Boden kniend – fast die gesamte Bildfläche einnimmt. Es ist ein Schmerzensmann, der, als die Kunsthalle Düsseldorf das Bild 1920 als eine ihrer Neuerwerbungen vorstellte, wie kaum ein anderes Werk das Publikum schockierte. Alles an diesem Verwundeten, der die Arme in einer Geste der Verzweiflung über dem

Abb. 5: Gert Wollheim, Der Verwundete, 1919
Öl/Holz, 156 x 178 cm, Privatsammlung

Kopf erhoben hat, ist Schmerz – er bricht aus der aufgerissenen Mundhöhle, er verzerrt die Gesichtszüge, er verspannt die Muskeln, spreizt die Gliedmaßen, verkrampft die Hände.

In keinem der hier berücksichtigten Werke ging es um die Niederlage Deutschlands am Ende des Ersten Weltkriegs, also um die politisch besiegelte militärische Niederlage. Auch wenn davon auszugehen ist, dass die Niederlage von 1918 nicht ohne Einfluss auf die künstlerische Wahrnehmung des Ersten Weltkriegs geblieben ist, war sie für die meisten Künstler offensichtlich kein Thema. Sie blieb den Karikaturisten und den politischen Zeichnern vorbehalten sowie den Bildhauern, die nach 1918 für die ‚Gefallenen', die Millionen getöteten Soldaten, im offiziellen Auftrag die Denkmäler schufen.[19] Gemälde, Zeichnungen und druckgraphische Arbeiten, aber auch eine Reihe von Skulpturen lassen davon ausgehen, dass die Künstler das Kriegsgeschehen selbst wie nie zuvor als Niederlage erlebten. Das gilt für die Werke deutscher Künstler ebenso wie für die der Siegermächte. Auch hier geht es nicht um Sieg oder Niederlage im politischen und militärischen Sinne, sondern um die allgemeine Erfahrung eines kriegerischen Desasters jenseits der Frage, wie es endete. Es stellte sich dem Blick aus der Distanz der Nachkriegsjahre nicht unbedingt anders dar als dem aus räumlicher und zeitlicher Nähe. Die künstlerische Darstellung der Auswirkungen einer bis dahin nicht vorstellbaren Vernichtungsmaschinerie sowie der als Demütigung und Erniedrigung wahrgenommenen Lebensumstände im Krieg vermittelt eine Ahnung davon, dass die Schrecken des Kriegs, die so alt sind wie der Krieg selbst, im Ersten Weltkrieg ein Ausmaß erreichten, das die Vorstellungskraft der Künstler nicht selten überstieg.

Die Geschosse der modernen Kriegsmaschine, die Tag und Nacht, Monat für Monat, Jahr für Jahr auf die Erde niedergingen, sie zersprengten, verbrannten, umwühlten und das Schlachtfeld in eine Wüste oder Mondlandschaft oder nach sintflutartigen Regenfällen in einen Sumpf verwandelten[20], zwangen die Kämpfenden, im Innern der Erde Schutz zu suchen. Sie gruben sich ein, verbargen sich hinter Erdwällen und in Höhlen, verkrochen sich in Gräben und Löchern, in Wasser und Schlamm, selbst in den Kratern und Trichtern. Die als Schutzraum gedachten Schützengräben wurden zu Orten des Grauens, an denen die Soldaten inmitten eines unaussprechlichen Konglomerats aus Erde, Schlamm, Trümmern, Ungeziefer, zerfetzten und verwesenden Menschenkörpern versuchten zu überleben.

Keiner hat dies drastischer gezeigt als Otto Dix in seinem 1923 beendeten und in den 30er-Jahren verschollenen Gemälde „Der Schützengraben", in seinem Radierzyklus „Der Krieg" von 1924 sowie in seinem zwischen 1929 und 1932 gemalten Triptychon „Der Krieg".

Zum Leben in den Schützengräben gehörten katastrophale hygienische Verhältnisse, unter denen sich Infektionskrankheiten schnell ausbreiteten. Die Soldaten wurden von Ungeziefer geplagt, von Mäusen und Ratten, die in Schützengräben und Unterständen nach Nahrung suchten, von Flöhen und Läusen, die sich in Kleidungsstücken und Decken einnisteten. „Man ist hier natürlich überall von den miserabelsten Gerüchen umgeben u. kommt im Dreck halb um"[21], schrieb Franz Marc bereits im September 1914 an seine Frau.

Schlimmer als die hygienischen und sanitären Verhältnisse war wohl nur noch der Hunger. Es wurde in Briefen und Romanen beschrieben, aber nur selten in Bildern dargestellt, wie die maßlose Gier Ausgehungerter sich gegen alle anderen Gefühle, Ekel, Scham, Selbstachtung, Stolz, durchsetzte, gegen alle kulturspezifischen Vorstellungen von einem menschenwürdigen Leben. In Otto Dix' Radierfolge „Der Krieg" von 1924 findet sich ein Blatt mit dem euphemistischen Titel „Mahlzeit in der Sappe" (Abb. 6). Es zeigt vor einer wie ausgestorben wirkenden Kriegslandschaft neben den bleichen Knochen und dem Schädel eines ehemaligen Kameraden einen am Boden hockenden Soldaten, der mit ausdruckslosem Gesicht aus einer Konservendose Nahrung in den gierig geöffneten Mund schaufelt.

Sigmund Freud hat 1932 in einem Brief an Albert Einstein über Möglichkeiten, Krieg zu verhindern, reflektiert und darauf hingewiesen, dass in der Auflehnung gegen ihn die „psychischen Einstellungen, die uns der Kulturprozess aufnötigt", und denen der Krieg „in der grellsten Weise" widerspreche, zu berücksichtigen seien. „Und zwar scheint es, dass die ästhetischen Erniedrigungen des Krieges nicht viel weniger Anteil an unserer Auflehnung haben als seine Grausamkeiten."[22] An zahlreichen künstlerischen Arbeiten ließe sich zeigen, dass die ästhetischen Erniedrigungen des

Abb. 6: Otto Dix, Mahlzeit in der Sappe (Loretto Höhe)
19,6 x 29 cm, Blatt 13 aus dem Zyklus „Der Krieg", 1924, 50 Radierungen

Abb. 7: Otto Dix, Sturmtruppe geht unter Gas vor
19,6 x 29,1 cm, Blatt 12 aus dem Zyklus „Der Krieg", 1924, 50 Radierungen

Kriegs, von denen Freud spricht, also die krasse Negation kulturell ausgebildeter Vorstellungen und Bedürfnisse, im Ersten Weltkrieg besonders schockierend als Demütigung und Entwürdigung und in diesem Sinne als Niederlage erfahren wurden. Von keinem Krieg zuvor gibt es so viele Bilder, die das Leben und Sterben der Soldaten mit Schmutz, Gestank, Unordnung, Zerfall und Auflösung assoziieren. Der Schlamm wird zu einer zentralen Metapher. Ironische Bildtitel verweisen zuweilen darauf, dass auf dem Weg zum Sieg, zu Ruhm und Erfolg die Niederlage gewissermaßen mitläuft: „Wege des Ruhms" („Paths of Glory")[23] heißt ein 1917 entstandenes Gemälde des englischen Malers Christopher Richard Wynne Nevinson, das zwei tote Soldaten mit dem Gesicht im Dreck liegend auf einem kahlgeschossenen Schlachtfeld zeigt.

Die Darstellung der Auswirkungen der neuen Kriegstechnik auf die kämpfenden Soldaten, der Zustand der Leichen, die nicht mehr identifizierbaren Toten wurden vielen Künstlern zum unlösbaren Problem. Sie gehörten sicher in besonderer Weise zu den traumatisierenden Erfahrungen des Ersten Weltkriegs. „Der Satz, der Tod sei immer dasselbe", schreibt Adorno, „ist so abstrakt wie unwahr; die Gestalt, in der das Bewusstsein mit dem Tod sich abfindet, variiert samt den konkreten Bedingungen, wie einer stirbt, bis in die Physis hinein."[24] Darstellungen, die dies zu zeigen versuchten, blieben die Ausnahme. Die Zensur wusste, was sie tat, als sie solche Bilder zu verhindern suchte.[25]

Es gab Versuche, die Grausamkeiten indirekt an den neuen Formen und Mitteln der Kriegführung zu verdeutlichen, zum Beispiel am Einsatz von Giftgas, der die Soldaten zwang, Gasmasken zu tragen. Dix' Radierung von 1924 „Sturmtruppe geht unter Gas vor" (Abb. 7) zeigt mehrere monströse Gestalten, außerirdische Ungeheuer eher als identifizierbare soldatische Subjekte. Die Kämpfenden, die sich derart zu Gesicht bekamen, hatten vermutlich Mühe, hinter diesen Masken ihr Gesicht zu wahren. Dass die Soldaten sich selbst nicht mehr wiedererkannten, hatte noch andere Gründe. Eine fortgeschrittene Medizin erlaubte es, Schwerverletzte durch Amputationen und komplizierte Operationen am Leben zu erhalten. Ein anderes Blatt aus Dix' Radierfolge, auf dem ein Soldat mit schrecklich entstelltem, zusammengeflicktem Gesicht in einem Krankenbett vor der kahlen Wand sitzt, vermittelt eine Vorstellung davon, wie deprimiert und desillusioniert in den Lazaretten überlebt wurde. Der ins Leere gehende Blick stellt vor die Frage, ob auf die Grausamkeit der Kriegsverletzung durch die medizinisch erfolgreiche „Transplantation" (Abb. 8) nicht nur eine andere Grausamkeit gefolgt ist, die es ebenfalls zu überleben galt. Derart aus dem kriegerischen Verkehr gezogen, waren die hier untergebrachten Soldaten mit sich selbst konfrontiert und der Frage, was ihnen der Krieg gebracht hatte. Die im Sanitätsdienst tätigen Künstler haben den ins Leere gehenden oder auch nach innen gerichteten Blick, der kein Auge mehr für seine Umgebung hat, nicht nur an den Schwerverletzten, sondern auch an durch ihre Kriegserlebnisse Traumatisierten beobachtet. Ein Beispiel dafür ist Erich Heckels Lithographie „Irrer Soldat" (Abb. 9) von 1916. „Erst das Lazarett zeigt, was Krieg ist"[26], schrieb Erich Maria Remarque. Die auf dem Boden ausgestreckten, auf Pritschen und Betten ruhenden Verletzten, die auf Bahren und in Kisten liegenden Sterbenden und Toten machten das Lazarett zu einem Ort der Niederlage in einem sehr wörtlichen Sinne.

,Helden', aus der Masse der Soldaten hervorragende sieghaft kämpfende oder auch todesmutig zugrunde gehende Einzelne, kommen in der Kunst zum Ersten Weltkrieg nicht mehr vor. Wenn Künstler noch einzelne Soldaten ins Zentrum ihrer Darstellungen rückten, dann waren es Getroffene, Verwundete, Gestürzte, Gefallene, an denen exemplarisch das unheroische Schicksal der vielen anderen vor Augen geführt wurde. ,Helden' begegnen am ehesten noch in Bildern vom ,guten Kameraden', der den getroffenen Mitkämpfer aus dem Feuer holt, dem Verletzten die Hand hält und dem Sterbenden beisteht. Wenn noch von ,Helden' die Rede ist, dann nur ironisch und satirisch. George Grosz hat einem späten Beitrag zu den zahlreichen Krüppelbildern vom Ersten Weltkrieg, einer 1933 entstandenen Lithographie, den Titel „Der Held" (Abb. 10) gegeben. Das Blatt zeigt einen am Boden sitzenden Mann, der Blumen verkauft. Nahe vor seinen Beinstümpfen steht eine Blechkanne mit einem Schlitz zum Einwerfen von

Abb. 8: Otto Dix, Transplantation
19,9 x 14,9 cm, Blatt 40 aus dem Zyklus „Der Krieg", 1924, 50 Radierungen

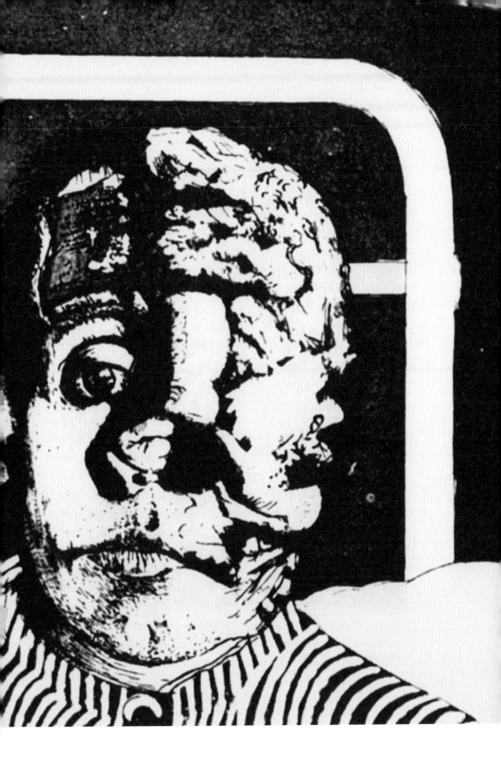

Abb. 9: Erich Heckel, Irrer Soldat, 1916
Lithographie, 30 x 24 cm

Abb.10: George Grosz, Der Held, 1933
Lithographie, 32 x 22 cm

Münzen; in der Öffnung steckt eine einzelne Blume, die, auch wenn sie bereits den Kopf hängen lässt, zum Kauf der Blumen motivieren soll, die der Mann in seiner rechten Hand hält. Die vom rechten Arm gehaltene, aufrecht stehende Krücke endet auf der Höhe des Kopfes mit dunkel verschatteten und vernarbten, wie ausgelöscht erscheinenden Gesichtszügen. Anders als Dix' abstoßende „Kartenspielende Kriegskrüppel" von 1920 ist Grosz' verstümmelter „Held" am Boden eine bemitleidenswerte, als Vorbild gänzlich untaugliche Figur. Grosz war Anfang Januar 1933, gerade noch rechtzeitig vor der Machtübernahme, endgültig nach Amerika übergesiedelt. Denkbar ist, dass sein schon in der Emigration entstandener „Held" nicht nur an die Folgen des Ersten Weltkriegs erinnern, sondern auch bereits auf neue ‚Helden' und kommendes Unheil aufmerksam machen sollte.

Die meisten Bilder vom Soldatenleben verdeutlichen, dass die sogenannte „Schützengrabengemeinschaft" vor allem eine Gemeinschaft der Verstörten und Niedergeschlagenen war. Wie die Soldaten aussahen, die das Schlachten überlebt hatten, führt Otto Dix auf einem Blatt seiner Radierfolge „Der Krieg" von 1924 vor. Es heißt „Appell der Zurückgekehrten" (Abb. 11) und zeigt in einer Reihe sechs zerlumpte und verdreckte, zum Teil verletzte Gestalten, die mit angestrengt geöffneten Augen vor sich hinstarren. Fast eine Karikatur ihrer Rolle als ‚Vaterlandsverteidiger' sind sie für Dix – das zeigt der Kontext der Radierfolge – doch mehr: heruntergekommene, traurige Gestalten, übrig gebliebenes ‚Menschenmaterial', das mit der niederschmetternden Erfahrung konfrontiert war, dass es für den ‚einfachen Soldaten' in diesem Krieg nichts zu gewinnen gab.

Ein ‚Zurückgekehrter' anderer Art, einer der selten dargestellten ins zivile Leben zurückgekehrten Kriegsbeschädigten, begegnet uns in Théophile-Alexandre Steinlens während der ersten Kriegsjahre entstandener Folge von 42 Lithographien „Blätter der Kriegszeit" auf dem Blatt „Paar" (Abb. 12). Der Mann, der noch seine Militärkleidung trägt, hat ein Bein verloren; die Frau ist schwanger. Unter dem rechten Arm eine große Holzkrücke, hat der Mann seinen linken Arm zärtlich und beschützend um Hals und Schultern der Frau gelegt, zugleich sich stützend auf den Menschen, der ihm auf der Seite, wo ein Holzstock das fehlende Bein ersetzt, die zweite Krücke erspart. Die sich berührenden Gesichter wirken zufrieden

Abb. 11: Otto Dix, Appell der Zurückgekehrten
19,8 x 28,8 cm, Blatt 49 aus dem Zyklus „Der Krieg", 1924, 50 Radierungen

Abb. 12: Théophile-Alexandre Steinlen, Paar
Blatt aus der Folge „Croquis de temps de guerre (Blätter der Kriegszeit)", 1914-1916, 42 Lithographien in einer Mappe (erschienen 1919)

und besorgt zugleich, als gäbe es in solcher Nähe bereits eine Ahnung davon, dass die alten Geschlechterrollen des Beschützers und der Beschützten unter solchen Umständen neu zu bestimmen sind.

Die Bilder niedergeschlagener Soldaten lassen erkennen, was als Katastrophe im Ersten Weltkrieg erlebt wurde. Die Künstler konnten und wollten ihre Erfahrungen gleichwohl nicht in Form von Katastrophenbildern mitteilen. An deren Stelle trat der Versuch, sich ein realistisches, die christliche Ikonographie nicht ausschließendes Bild von der Gewalt einer modernen Kriegsmaschine zu machen, von den ästhetischen Erniedrigungen und dem demütigenden Rückfall in einen jeglicher Kultur spottenden Zustand. Was darin deutlich wurde, war, führt man sich die Bilder niedergeschlagener Soldaten vor Augen, weniger eine dem Schicksal geschuldete Katastrophe als eine von den Künstlern auch so wahrgenommene katastrophale Niederlage menschlicher Fähigkeiten und Möglichkeiten. Eine Generation, die, wie Walter Benjamin schrieb, „1914-1918 eine der ungeheuersten Erfahrungen der Weltgeschichte gemacht hat", kehrte verstummt aus dem Feld zurück. „Nicht reicher, ärmer an mitteilbarer Erfahrung. (…) Eine Generation, die noch mit der Pferdebahn zur Schule gefahren war, stand unter freiem Himmel in einer Landschaft, in der nichts unverändert geblieben war als die Wolken, und in der Mitte, in einem Kraftfeld zerstörender Ströme und Explosionen, der winzige gebrechliche Menschenkörper."[27] Die von Benjamin beobachtete Erfahrungsarmut ist den Künstlern dieser Generation nicht erspart geblieben. Gleichwohl können die überlieferten Werke als wie auch immer mitgeteilte Erfahrungen uns heute noch dazu bewegen, Unvorstellbares vorzustellen und Undenkbares zu denken.

MOMME BRODERSEN, PALERMO

ZUM „KLASSENBILD MIT WALTER BENJAMIN – EINE SPURENSUCHE"

Momme Brodersen

KLASSENBILD MIT
WALTER BENJAMIN

Eine Spurensuche

Siedler

Momme Brodersen: Klassenbild mit Walter Benjamin –
Eine Spurensuche, München 2012, Siedler Verlag

Ein Gruppenfoto, wenige Jahre vor Beginn des Ersten Weltkriegs aufgenommen: die Abschlussklasse des Philosophen und Literaturkritikers Walter Benjamin. Einträchtig scheinen die 18- bis 20-Jährigen in Gesellschaft ihres Direktors beieinanderzusitzen. Auch bei Kriegsbeginn, 1914, scheinen sie noch an einem Strang zu ziehen. Fast alle meldeten sich freiwillig zum Kriegs- oder doch wenigstens Sanitätsdienst. Eine Klasse patriotisch gesinnter, vom „August-Erlebnis" ergriffener junger Männer also? Nun, so einheitlich, wie es im Übrigen auch die Propaganda darstellte, war die Stimmung der frühen Augusttage nicht, nicht einmal in dieser Abiturientenklasse. Die freiwillige Meldung bedeutete nicht notwendigerweise vorbehaltlose Zustimmung zum Krieg. Man konnte sich auch, wie etwa Benjamin, ohne jeden „Funken Kriegsbegeisterung im Herzen" in das Heer der „Freiwilligen" einordnen.

„Klassenbild mit Walter Benjamin" geht unter anderem den unterschiedlichen Motiven nach, die diese jungen Leute scheinbar unaufgefordert zu den Waffen eilen ließ. Darüber hinaus fragt das Werk nach den Auswirkungen der sogenannten „Judenzählung" von 1916, mit der sich der erste wirkliche Riss im Zusammenleben jüdischer und nicht-jüdischer Deutscher abzeichnete. Und schließlich versucht das Buch, Antworten zu finden auf Fragen wie: Welche unterschiedlichen Lehren zogen die ehemaligen Abiturienten aus ihren Kriegserfahrungen? Wie stellten sie sich nach 1918 zur neuen, zur ersten deutschen („Weimarer") Republik? Und wie gestaltete sich ihre weitere private und berufliche Zukunft?

Mein kürzlich erschienenes Buch „Klassenbild mit Walter Benjamin" ist keine Lebensgeschichte des wohl berühmtesten deutsch-jüdischen Kritikers des 20. Jahrhunderts. Auch keine seiner 21 Klassenkameraden, mit denen er 1912 an der Kaiser-Friedrich-Schule in Charlottenburg das Abitur ablegte. Das Werk stellt vielmehr den Versuch dar, einem für sich genommen noch nichts sagenden Foto gewissermaßen Leben einzuhauchen. Oder mit den Worten Benjamins: es zu „beschriften". Das heißt soviel wie: die in dem Foto verborgene Geschichte durch Namen, Daten und Fakten, durch rekonstruierte politische, soziale und kulturelle Zusammenhänge aufzu-schrecken. Dabei ging es mir nicht so sehr um das „Große und Ganze" der Geschichte, gar aus der Vogelperspektive. Vielmehr wollte ich die ein-schneidenden politischen Ereignisse, die gewaltigen gesellschaftlichen Umbrüche, die sozialen Veränderungen und den kulturellen Wandel – vom Kaiserreich bis fast in unsere Zeit hinein – im Verfolg der einzelnen Le-bensschicksale dieser Abiturienten beleuchten. Ihre Biographien streifen und spiegeln ja – auf je eigene Weise – all das wider, was man aus dem Geschichtsstudium oder dem Geschichtsunterricht hinreichend kennt und für gewöhnlich unter Begriffe wie etwa „Zweites Kaiserreich", „Wilhel-minische Ära", „Erster Weltkrieg", „Weimarer Republik" etc. einordnet.

Walter Benjamins Abiturientenklasse, 1912

Walter Benjamin, um 1910

Auf dem Klassenfoto, von dem mein Buch ausgeht, scheinen die 18- bis 20-Jährigen noch einträchtig beieinander zu sitzen. Selbst zwei Jahre später, bei Ausbruch des Ersten Weltkriegs, ziehen sie offenbar noch an einem Strang. Denn fast alle meldeten sich freiwillig zum Kriegsdienst. Eine jüdisch-christliche Klasse patriotisch gesinnter, vom „August-Erlebnis" ergriffener junger Männer also? Die im Übrigen so handelten, wie es alle taten und wie es von ihnen erwartet wurde?

Selbst die Ikone der rebellierenden Studenten von 1968, Walter Benjamin, gehörte zu ihnen. Er, den man sich nur schwer mit dem Gewehr in der Hand und zum Töten bereit vorstellen kann. Ausgerechnet in der Kaserne der Berliner Belle-Alliance-Straße meldete er sich, wo kaiserliche Kavallerie stationiert war. Vermutlich hielt das der Sohn aus sehr reichem Hause nur für standesgemäß. Denn zu berittenen Einheiten strebten allein diejenigen, deren Familien es sich leisten konnten, musste doch der zukünftige Reitersoldat damals noch selbst für seine militärische Ausrüstung, inklusive

Pferd und Zaumzeug, aufkommen. Ihm gleich taten es immerhin vier weitere ehemalige Klassenkameraden, was tiefe Einblicke auch in deren familiäre Finanzverhältnisse gestattet. Die übrigen meldeten sich zu Artillerie
und Infanterie.

Bedeutete nun die freiwillige Meldung fast einer ganzen Abiturienten-
Klasse zugleich schon die vorbehaltlose und uneingeschränkte Zustimmung
zum ersten Völkerschlachten des 20. Jahrhunderts? Waren diese jungen
Menschen wirklich so chauvinistisch? Eine kleine, freilich nachdrückliche
Präzisierung in Benjamins Erinnerungen mahnt dazu, keine voreiligen
Schlüsse zu ziehen. Er habe sich, so schreibt er fast 20 Jahre später, damals
ohne jeden »Funken Kriegsbegeisterung im Herzen«[1] in die Kaserne bege-
ben.

Ein verbrieftes Recht auf Kriegsdienstverweigerung gibt es erst seit Be-
stehen der Bundesrepublik Deutschland. Wer hingegen zu Kaisers Zeiten
seine Einberufung zum Militär ignorierte, wurde wie ein Deserteur und Va-
terlandsverräter behandelt – und dementsprechend streng bestraft. Pazifisten bzw. Friedensfreunde, wie sie sich damals noch nannten, hatten nur die
Alternative zwischen einer Flucht ins neutrale Ausland oder dem Selbstmord. Beide Wege wurden von den Abiturienten des Jahres 1912 beschritten. Benjamin, der Anfang August 1914 noch aufgrund gesundheitlicher
Beeinträchtigungen – er litt unter anderem an starker Kurzsichtigkeit – als
nicht „kv.“, kriegsverwendungsfähig, eingestuft wurde, floh 1917, als alle

Selbstmord eines Liebespaares. Im
Amt für soziale Arbeit der Berliner freien Studentenschaft wurden gestern der 20 Jahre alte
Student Friedrich Heinle aus Mayen und die
23 Jahre alte Ricke Seligson, die bei ihrer Mutter
am Schleswiger Ufer wohnte, in einer mit Gas
angefüllten Küche tot aufgefunden. Nach einem
von H. an einen befreundeten Studenten hinterlassenen Schreiben hat Liebesgram beide in den
Tod getrieben.

Aus dem „Berliner Lokal-Anzeiger", 10. August 1914

✱ Liebestragödie. Gestern vormittag wurden der Student Friedrich Heinle aus Mayen, der im Hause Claudiusstraße 12 als Chambregarnist wohnte, und die 23 Jahre alte Riefe Seligson, die bei ihrer Mutter am Schleswiger Ufer wohnte, in dem Amt für soziale Arbeit der Berliner freien Studentenschaft, deren Mitglied H. war, in der mit Gas gefüllten Küche tot aufgefunden. Nach einem an einen befreundeten Studenten hinterlassenen Schreiben hat Liebesgram beide in den Tod getrieben.

Aus der „Norddeutschen Allgemeinen Zeitung", 11. August 1914

Siegestrunkenheit verrauscht war, in die Schweiz. Denn ihm drohte mit der Nachmusterung doch noch die Einberufung. Sein Kamerad Alfred Steinfeld hingegen, so steht es wenigstens in den Bestattungsakten, beging 1915 Selbstmord.

Steinfelds Selbstmord war nicht der erste im engsten Freundeskreis dieser ehemaligen Abiturienten. Schon am Vormittag des 9. August 1914 waren der 20-jährige Christoph Friedrich Heinle und seine zwei Jahre ältere Verlobte Friederike Seligson freiwillig aus dem Leben geschieden. Der Fall erregte seinerzeit großes Aufsehen. Verschiedene Berliner Tageszeitungen berichteten darüber. Ihn in irgendeiner Weise mit dem Kriegsbeginn in Verbindung zu bringen, ihn gar als Akt des Protestes oder Ausdruck der Verzweiflung zu deuten, hätte jedoch kaum die Zensur passiert. So wurde er denn als Selbstmord eines Liebespaares bzw. als Liebestragödie ausgegeben.

Gab es auch kein Recht auf Kriegsdienstverweigerung, so konnte man in den ersten Kriegsjahren doch wenigstens dem Dienst an der Waffe entgehen – dadurch, dass man sich dem Sanitätsdienst zur Verfügung stellte. Drei der insgesamt 22 Abiturienten des Jahres 1912 beschritten diesen Weg, der sie zwar ähnlichen Gefahren wie die Frontsoldaten aussetzte, sie aber nicht zwang, wissentlich und willentlich Menschen zu töten. Einer von ihnen, der spätere Jurist Alfred Faeke, wollte noch im Nachhinein diese Entscheidung als einen Akt bewusster Verweigerung gedeutet wissen:

»Bei Ausbruch des ersten Weltkrieges konnte ich mich als grundsätzlicher Kriegsgegner nicht entschliessen, mich als Kriegsfreiwilliger zu melden und stellte mich dem Roten Kreuz zur Verfügung.«[2]

Nun gab es freilich unter den ehemaligen Charlottenburger Schülern auch solche, die mit aufrichtiger Begeisterung zu den Fahnen eilten und »zum Abschied vom Leben« bereit waren – »für's heilige Vaterland«[3], wie es mit salbungsvollen Worten der Frühfreiwillige Lothar Nerger, im späteren Leben ein protestantischer Pastor, noch zehn Jahre nach den Ereignissen beschrieb. Ein Zweiter, Fritz Lefèvre, war nicht nur zum Tod bereit, sondern sollte ihn tragischerweise auch erleiden. Unmittelbar nach dem Abitur noch vom leiblichen Vater, einem belgischen Stabsadjutanten, daran gehindert, »in die deutsche Armee einzutreten«[4] – und wie nachhaltig hätte sich Léopold Lefèvre erst bei Kriegsausbruch, als deutsche Truppen völkerrechtswidrig in das neutrale Belgien einmarschierten, gegen die Absichten seines Sohnes gestellt! –, setzte er sich im August 1914 über alle Vorbehalte des Seniors hinweg und meldete sich freiwillig zur Königlich Bayerischen Feldartillerie, bei der er es bald zum deutschen Offizier brachte – und schon im Juli 1916 den „Heldentod" fand.

Wer sich damals angesichts »einer unvermeidlichen Einziehung« unaufgefordert beim Militär meldete, tat dies auch, weil nur so die Aussicht bestand, »unter Freunden«[5] zu bleiben. Denn anfänglich konnten sich die Kriegsfreiwilligen noch Kaserne und Regiment aussuchen, in der bzw. bei dem sie ihre Grundausbildung ableisten wollten. Und damit konnte man als Rekrut nicht nur unter Freunden, sondern auch am Heimatort bleiben. Man wurde nicht abrupt aus seinem gewohnten sozialen Milieu herausgerissen. Die kollektive Meldung Benjamins und einiger seiner Kameraden bei der Kavallerie in Berlin mag davon beeinflusst gewesen sein.

In anderen Fällen dürfte der soziale Druck des Umfeldes – der Schule, der Universität, vor allem aber der der Familie – diese Freiwilligkeit entscheidend beeinflusst haben. Der berühmte Journalist der „Frankfurter Zeitung", Siegfried Kracauer, hat in seinem Antikriegsroman „Ginster" die familiäre Atmosphäre eingefangen, die auch in den Elternhäusern dieser Abiturienten geherrscht haben dürfte. Ein Dialog zwischen dem Protagonisten Ginster und seinem Onkel veranschaulicht, wie schwer die Erwartungen naher Verwandter auf diesen Heranwachsenden lasteten und wie sehr sie deren Entscheidungsspielraum einschränkten:

»„Wir sind in einer schlimmen Lage", sagte der Onkel, „schlimmer als im Siebenjährigen Krieg. Wenn ich jetzt so jung wäre wie du, ginge ich mit." ...

„Du hast doch deine Arbeit", versuchte Ginster ihn abzulenken.

Es half nichts, der Onkel beharrte auf dem Krieg.

„Heute kommt es auf andere Dinge an als auf mein Werk", erklärte er fest. ...

„Der Krieg ist sehr laut", gab Ginster zu [bedenken], „die Soldaten, man kann ums Leben kommen – aber ich halte ihn nicht für so wichtig. Warum beschäftigen sich jetzt alle Leute mit Patriotismus? Seit rechts im Osten ein Stück Land vom Gegner besetzt worden ist, jammern sie, als gehöre es ihnen privat. Früher haben sie sich um das Stück Land gar nicht gekümmert." ...

Er hätte besser geschwiegen. Um des besetzten Stückchen Landes willen ... [wurde] der Onkel ... zum Vaterland in Person. Ginster fragte ihn, ob er schon einmal dort gewesen sei. Der Onkel zürnte. Er war traurig über Ginster, dem die richtigen Gefühle fehlten. ... Er stellte fest, daß der einzelne in der Gesamtheit unterzugehen habe. Er erinnerte an die Befreiungskriege und verglich seine Nichtigkeit daheim mit den Heldentaten der Truppen im Feld. Die Nichtigkeit galt mehr noch Ginster, der in sich zusammenfiel.

„Ich habe mich freiwillig gemeldet ...", sagte er, um den Onkel zu beruhigen. Der Onkel billigte Ginsters Verhalten, ohne es außergewöhnlich zu finden. Es schien ihm selbstverständlich, daß jeder erreichbare Angehörige an der Front gegen Feinde kämpfte.

„... aber sie haben mich nicht genommen" ...

„Dafür kannst du nichts. Die Hauptsache ist, du hast deine Pflicht getan."«[6]

Darauf, solche Pflicht-Freiwilligkeit kritisch zu hinterfragen, waren die jungen Leute in jener Zeit gar nicht vorbereitet worden. Am allerwenigsten durch die Schule. Denn die impfte ihnen vor allem Zucht und Ordnung, aber auch die rechte Gesinnung ein: etwa durch deutsche Aufsatzthemen wie „Dürfen die schlesischen Kriege Friedrichs des Großen Eroberungskriege genannt werden?" oder „Der Krieg eine Geißel und ein Segen". Die häufigsten und beliebtesten Schulausflüge waren solche zu »Frühjahrsparaden«, zu geschichtsträchtigen Orten wie etwa dem Fehrbelliner »Schlachtfeld« und Kriegsspiele, in deren Verlauf den Schülern zugleich »die nationalen Ideale«[7] vermittelt wurden. Und welchem eigentlichen Zweck die körperliche Ertüchtigung der Schüler diente, entnimmt man zuletzt noch harmlos erscheinenden Pausenregelungen: »Statt [...] AtemÜbungen« wurde ab 1911 auf dem Schulhof »der Laufschritt« eingeübt. Die »Schüler« hatten »am Schlusse je einer Pause am Tage 5 Minuten nach Trommelschlag«[8] zu laufen! Und wer schließlich diese jungen Menschen unterrichtete, das waren zu einem guten Teil Reserve-Offiziere.

Diese Militärs im Wartestand unter den Lehrern gingen ihren Schülern dann auch 1914 bei der freiwilligen Meldung zum Kriegsdienst als »leuchtendes Beispiel glühender Vaterlandsliebe und weitgehender Opferwilligkeit« voran. Selbst der mittlerweile fast 55-jährige Direktor der Anstalt, Alfred Zernecke, meldete sich noch »freiwillig zu den Fahnen«[9]. Seinen in der Heimat zurückgebliebenen Schülern schickte er erbauliche Briefe aus dem Felde, um sie an der »Größe der Zeit« und am »Rauschen werdender Weltgeschichte« teilhaben zu lassen. Diese Briefe wurden in einer eigens eingerichteten »Kriegsstunde«[10] verlesen. So erhielten die jungen Leute nicht nur Einblick in den launigen Kriegsalltag ihres Direktors, sondern auch in merkwürdige Wandlungen der deutschen Sprache. In den Schützengräben äußerte sich Witz offenbar vor allem in markigen Sprüchen:

> »„Gestern gab's gründlich ‚Kattun' (Gewehrfeuer)." „Nachmittags setzten die ‚Friedensverhandlungen' (schweres Granatfeuer) ein", das ist der Humor unserer Leute!«[11]

Auch die Kultur war nicht mehr die der großen humanistischen Werke und ihrer Lehren. Zwar immer noch laut und dröhnend, aber in Wesen und Ausdruck klein und bescheiden wird sie in der Beschreibung Zerneckes von der Rückkehr der Soldaten »aus der Verwüstung und Öde des Schlachtfeldes«. Nach einem »Gewehr in die Hand, Gewehr umhängen, Kompagnie ohne Tritt marsch« bezeichnet ein schallend erklingendes Lied, das »nachts 1 Uhr im tiefen Dunkel«, nach »drei Tagen in vorderster Front« und »25 Tagen in Gefechtsbereitschaft« angestimmt wird, bereits den Wiedereintritt

Vorderer Einband des 1916 im Oldenburger Stalling-Verlag erschienenen
Sammelbandes „Briefe aus dem Felde 1914/1915"

Max Burkhardts „Kriegslied 1914", zweiseitiges Flugblatt

2

Al - le Fein-de gehn zu Schand, sei getrost mein deutsches Va-ter-land. Je-der Tritt ei-nen Britt und die

Serben müssen sterben! Al - le Fein-de gehn zu Schand, sei getrost mein deutsches Va-ter-land.

2. Zu allererst verhaun wir die Franzosen,
Weil sie immer nach „Rewanksche" krähn!
Klopfen ihnen aus die roten Hosen,
Bis sie können nicht mehr gehn und stehn!
    Droht der Feind von Norden u. s. w.

3. Alsdann kommen die Kosaken
Aus den Russenland daher gesprengt.
Hei! die kriegen wir zu packen,
Daß ihnen Haut und Haar versengt!
    Droht der Feind von Norden u. s. w.

4. Uns belogen hat mit falschen Zungen
Treulos das perfide Engelland,
Das verwamsen unsre blauen Jungen
Eh' sich es nähert unserm deutschen Strand.
    Droht der Feind von Norden u. s. w.

5. Und zuletzt die Hammeldiebe
Montenegro und das Serbenpack;
Freut euch auf deutsch-österreich'sche Hiebe,
Denn schon heißt es: Knüppel aus dem Sack!
    Droht der Feind von Norden u. s. w.

6. Endlich kommt noch hinterlistig
Der schlitzäugig gelbe Japs heran,
Braun und blau wird er verdroschen
Bis er nicht mehr „japsen" kann.
    Droht der Feind von Norden, Ost oder West,
    Immer feste dreschen ist das allerbest!
    Jeder Russ' einen Schuß,
    Jeder Stoß ein Franzos,
    Alle Feinde gehn zu Schand,
    Sei getrost mein deutsches Vaterland.
    Jeder Britt einen Tritt,
    Jeder Japs einen Klaps.
    Alle Feinde gehn zu Schand u. s. w.

7. Drum ob rings die Feinde drohen
Unserm heißgeliebten Vaterland,
Feuerbrande uns umlohen —
Mutig nehmen wir das Schwert zur Hand.
    Droht der Feind von Norden u. s. w.

Alleinvertretung für den Musikalien-und Buchhandel: Georg Bratfisch, Frankfurt-Oder.

»in die Kultur«[12]. Solche Töne mögen zum Wortschatz eines Berufsoffiziers gehören, vom humanistisch gebildeten Direktor einer höheren Schule hätte man sie weniger erwartet.

Der Leiter der Anstalt war nicht der einzige Lehrer, der die Kriegspropaganda mit verbrämenden Schriften bediente. Doch gemessen am Niveau etwa seines Fachkollegen für Musik (!) nehmen sich seine Frontbriefe beinahe harmlos aus. Der Musikerzieher, Max Burkhardt mit Namen, entblödete sich nicht, bei Ausbruch der Feindseligkeiten ein Kriegslied als Flugblatt (mit entsprechend hoher Auflage) zu verbreiten, dessen dümmliche und vor allem menschenverachtende Worte einem heute schlicht die Sprache verschlagen:

> »Nun hebt sich an die große Schlacht,
> Unser Kaiser hat mobil gemacht,
> Alle, alle eil'n wir zu den Fahnen,
> Halten fest und treu am Rhein die Wacht.
> Droht der Feind von Norden, Ost oder West,
> Immer feste dreschen ist das allerbest!
> Jeder Russ' einen Schuß,
> Jeder Stoß ein Franzos!
> Alle Feinde gehn zu Schand,
> Sei getrost mein deutsches Vaterland.
> Jeder Britt einen Tritt
> Und die Serben müssen sterben!
> Alle Feinde gehn zu Schand,
> Sei getrost mein deutsches Vaterland.«[13]

Nach patriotischen Gedichten, mit denen deutsche Verlage, Zeitungs- und Zeitschriftenredaktionen in den ersten Kriegsjahren förmlich überschüttet wurden, gehörten Frontbriefe bzw. kurz gefasste Erlebnisberichte aus dem Felde seinerzeit zu den verbreitetsten Formen der Kriegspropaganda. Es gab sogar ein eigens für solche Feldpost-Dokumente geschaffenes Periodikum, „Briefe aus dem Felde", dessen Beiträge schon bald zu einem voluminösen Sammelband gleichen Titels zusammengestellt wurden. Ihm folgten, um nur ein, zwei weitere Beispiele zu nennen, Sammlungen wie

5., erweiterte Auflage der von Philipp Witkop in Verbindung mit den
Deutschen Unterrichts-Ministerien (!) herausgegebenen „Kriegsbriefe gefallener Studenten",
München 1929

Von Paul Hildebrandt herausgegebener Band „Vorm Feind.
Kriegserlebnisse deutscher Oberlehrer", Leipzig 1916

etwa „Vorm Feind. Kriegserlebnisse deutscher Oberlehrer" oder „Kriegsbriefe deutscher [später: gefallener] Studenten", die selbst noch nach dem
Krieg hohe Neuauflagen erlebten. In ihnen ist beinahe penetrant von Hin-
gabe, Opferbereitschaft und Heldentod die Rede, aber nie von den seeli-
schen Verheerungen, die das Sterben in den Familien und unter den
Freunden anrichtete.

Der Krieg raffte fast ein Viertel der Abiturientenklasse des Jahres 1912
hin. Von den meisten dieser Gefallenen haben kaum mehr als bloße Le-
bensdaten sowie der eine oder andere Hinweis auf die Herkunft das blut-
rünstige 20. Jahrhundert überdauert. Der Tod wurde allen Schülern und
Lehrern der Kaiser-Friedrich-Schule, inklusive den Ehemaligen, ein steter,
ja geradezu vertrauter Begleiter. Nach und nach sahen sie Verwandte,
Freunde und Bekannte dahinscheiden, aber eben auch Lehrer und Kollegen,
Mitschüler und Klassenkameraden. Die Gedenkschrift anlässlich der
Schließung der Schule aus dem Jahre 1940 listet die Namen von über 80
Schülern und fünf Lehrern auf, die »den Tod für das Vaterland«[14] gestorben
waren. Zynische Ironie der Geschichte, dass es diesen Toten wenigstens
erspart blieb, den Niedergang ihres ach so geliebten Vaterlandes mitzuer-
leben – wie denn auch Zeuge eines der beschämendsten Kapitel deutscher
Geschichte zu werden: der sogenannten „Judenzählung" vom Herbst 1916.

Die deutschen Juden empfanden diese von den Antisemiten im Kaiserreich erwirkte Bestandsaufnahme als eine, wie die „Jüdische Rundschau"
schrieb, »ungeheuerliche Verletzung der Ehre und der bürgerlichen Gleichstellung des deutschen Judentums«[15]. Die beschämende Enquête dürfte das
Ihre zur Desillusionierung insbesondere der jüdischen Kriegsfreiwilligen
beigetragen haben, die, was die Abiturienten von 1912 betrifft, fast aus-
nahmslos in den Schützengräben oder im Lazarett lagen. Leider sind gerade
aus dieser Zeit keine persönlichen Dokumente von diesen jungen Leuten
überliefert. Deshalb lassen sich allenfalls Spekulationen darüber anstellen,
welche Wirkung die „Judenzählung" bei ihnen gezeigt hat. Vielleicht aber
darf man beispielsweise die Hinwendung des Schülers Franz Sachs zum

Nachfolgende Doppelseite:
Aus der 1940 in Berlin erschienenen Gedenkschrift von Hermann Voigt u. a.:
43 Jahre Kaiser-Friedrich-Schule, seit dem Jahre 1938 „Schlüterschule", 1897-1940

Die Lehrer

Ernst Langguth, 20. 10. 14.

Reinhold Schütze, 2. 10. 14.

Kurt Mehnert, 30. 7. 17.

Hermann Steinmann, 8. 9. 17.

Johannes Moser, 10. 15.

Die ehemaligen Schüler

Martin Altgeld, 16. 11. 16.

Helmut Arendt, 21. 11. 14.

Martin Benas, 25. 5. 16.

Heinrich Bettsak, 11. 9. 17.

Theodor Böninger, 13. 8. 15.

Richard Brandenburg, 4. 3. 16.

Friedrich Bröseke, 28. 6. 16.

Erich Buschmann, 18. 7. 17.

Karl Caspary, 9. 4. 15.

Walter Crohn, 30. 7. 15.

Adalbert v. Delbrück, 20. 8. 18.

Waldemar Delbrück, 4. 5. 17.

Max Döhlemann, 3. 18.

Kurt Eschwe, 24. 10. 16.

Gerhard Fiebig, 10. 18.

Kurt Foerstermann, 6. 5. 17.

Alfred Fränkel, 9. 9. 14.

Walther Franke, 13. 9. 18.

Ferdinand Fürstenberg, 21. 12. 14.

Hans Fuhrmann, 30. 5. 18.

Karl Fuhrmann, 25. 4. 15.

Kurt Gerschel, 29. 12. 17.

Hans v. Grapow, 8. 12. 14.

Ernst Griesert, 26. 9. 17.

Günther Grosse, 19. 10. 15.

Otto Haacke, 13. 6. 15.

Erich Hegner, 17. 6. 15.

Walther Henn, 8. 8. 18.

Herbert Herkner, 22. 11. 17.

Robert Heuschen, 26. 2. 15.

Hermann Heuschen, 30. 8. 18.

Georg Hilpert, 26. 10. 14.

Hans Hintzelmann, 8. 15.

Hans Hoffmann, 26. 11. 17.

Albert Jacob, 6. 9. 14.

Bruno Jacob, 20. 7. 15.

Karl Jacobsen, 3. 3. 15.

Hans Albrecht Korchel, 6. 16.

starben im Weltkriege 1914=1919

das Vaterland

Willy Krenkel, 17. 11. 14.

Ernst Lach, 1. 10. 17.

Walther Lange, 13. 8. 15.

Fritz Lefevre, 9. 7. 16.

Ernst Leuchtmann, 17. 8. 14.

Kurt Lewinberg, 10. 6. 18.

Eugen Loesenbeck, 8. 1. 19.

Hans Loewenthal, 12. 8. 18.

Heinrich Martens, 27. 5. 19.

Johann Friedrich Meuß, 17. 7. 14.

Rudolf Meyer, 10. 17.

Walter Meyer, 20. 5. 18.

Edgar Philippi, 15. 1. 18.

Paul Mosessohn, 24. 8. 15.

Hans Müller, 2. 5. 15.

Werner Nagel, 15. 8. 17.

Günther Nordmann, 15. 7. 17.

Walther Oswald, 11. 9. 14.

Theodor Penz, 3. 9. 15.

Kurt Krager, 31. 7. 15.

Willy Ragnit, 16. 7. 16.

Reinhardt Rüdiger, 21. 7. 18.

Walther Sachs, 29. 4. 17.

Walther Saegeborth, 3. 9. 18.

Charles Sauvage, 20. 9. 17.

Fritz Scherman, 4. 5. 15.

Hans Scherman, 16. 9. 14.

Viktor Schmidt, 27. 6. 17.

Karl Schneller, 19. 10. 15.

Hans Schobert, 2. 5. 15.

Bruno Schoenfeld, 20. 4. 17.

Hans Schönlank, 6. 3. 16.

Kurt Schwebell, 11. 10. 14.

Hans Seifert, 15. 2. 15.

Martin Sommerfeld, 11. 3. 15.

Alfred Steinfeld, 4. 15.

Christel Strohmann, 15. 10. 14.

Ernst Strohmann, 5. 5. 18.

Hans Tesch, 30. 12. 14.

Paul Teschemacher, 13. 8. 16.

Elemer Timar, 28. 11. 14.

Stefan Timar, 23. 9. 18.

Rudolf Toussaint, 18. 5. 15.

Bruno Wesche, 20. 5. 17.

Guido Wolff, 10. 10. 15.

Peter Wolff, 16. 12. 18.

Zionismus während der Kriegsjahre in einen wenigstens mittelbaren Zusammenhang mit dem Ereignis bringen. Und sollte die zweite freiwillige Meldung des Ex-Schülers Erich Katz im Januar 1917 möglicherweise als eine Art Trotzreaktion darauf zu deuten sein? Der kriegsfreiwillige Dragoner hatte bereits im Oktober 1915 eine so schwere Verwundung erlitten, dass er sechs Monate im Lazarett verbrachte. Danach hätte er als Angehöriger eines Ersatz-Regiments das Kriegsende auch in einer Garnison oder in der Etappe abwarten können. Gleichwohl meldete er sich erneut zum Frontdienst – und wurde im August 1917 abermals ein Opfer der Kampfhandlungen. Dieses Mal mit noch gravierenderen Folgen. Elf Monate lag er im Lazarett, wurde dann aus dem aktiven Militärdienst entlassen und war zeitlebens in seiner Erwerbstätigkeit um 65 Prozent eingeschränkt. Und als wollte er seine aufrechte vaterländisch-deutsche Gesinnung noch nachdrücklicher unter Beweis stellen, verzichtete er auf alle daraus resultierenden Rentenansprüche.

Als im November 1918 der Krieg zu Ende ging, befanden sich nur noch wenige der ehedem kriegsfreiwilligen Ex-Abiturienten an der Front. Die Anstrengungen und Schrecken des Schützengrabens hatten ihre Spuren hinterlassen. Die jungen Leute waren physisch und psychisch erschöpft, viele von ihnen körperlich versehrt und von den Erfahrungen traumatisiert. Einige waren aufgrund schwerer Kriegsverwundungen bereits demobilisiert. Andere befanden sich im Lazarett, lagen bei Ersatzeinheiten im Hinterland oder taten als Besatzungssoldaten Dienst. Auch diejenigen, die noch bis zum letzten Tag in vorderster Linie standen, hatten längst ihre bitteren Erfahrungen mit den Schrecken des modernen Kriegs gemacht.

Die teils hochdekorierten Überlebenden kehrten in eine Heimat zurück, in der nichts mehr war wie zuvor – oder um es hier mit Walter Benjamin (dem Einzigen, der sich dem Militärdienst hatte entziehen können) zu sagen:

>»Eine Generation, die noch mit der Pferdebahn zur Schule gefahren war«, fand sich bei Kriegsende unter dem »freien Himmel [...] einer Landschaft« wieder, »in der nichts unverändert geblieben war als die Wolken und in der Mitte, in einem Kraftfeld zerstörender Ströme und Explosionen, der winzige, gebrechliche Menschenkörper«.[16]

Wie reagierten die ehemaligen Abiturienten auf die neue Situation? Auf den Waffenstillstand, die Kapitulation und die Abdankung des Kaisers? Auf den politischen und sozialen Wandel, der sich in Deutschland mit einem Mal vollzog? Auf die bereits im November 1918 in den Hafen- und Großstädten einsetzenden revolutionären Erhebungen? Wie sahen sie im Nachhinein ihre Kriegsfreiwilligkeit? Welche Erfahrungen trugen sie von ihrem jahrelangen Frontdienst heim? Und vor allem: Welche Haltung nahmen sie gegenüber der neuen („Weimarer") Republik ein, die aus den Ruinen der abgehalfterten Monarchie erstand?

Leider sind uns keine aufschlussreichen privaten Aufzeichnungen der Ex-Abiturienten, Tagebücher oder Briefe, aus den Tagen und Wochen des deutschen Zusammenbruchs überliefert, so dass man sich kein wirkliches Bild davon machen kann, in welcher Weise die politischen Ereignisse und sozialen Umwälzungen unmittelbar auf sie wirkten. Dass sie mit ihnen in nächste Berührung gerieten, steht außer Zweifel. Denn schon ihre Entlassungspapiere erhielten die Kriegsheimkehrer mehrheitlich nicht mehr aus den Händen irgendwelcher Reichswehr-Kommandeure, sondern von selbsternannten Soldatenräten. Und die Wohnorte ihrer Familien, an die sie zurückkehrten, lagen so nahe am bürgerkriegsähnlichen Geschehen auf den Straßen (nicht nur) Berlins, den bewaffneten Auseinandersetzungen zwischen sozialistischen Arbeitern und Soldaten auf der einen Seite sowie Reichswehr und Freikorps auf der anderen, dass sie, auch unfreiwillig, Augenzeugen der Begebenheiten werden mussten. Im Übrigen hatten einige von ihnen bereits auf dem geordneten Rückzug von der Front einen Vorgeschmack davon bekommen, was sie zu Hause erwartete. Lothar Nerger hat seine früheste Begegnung mit dem, was sich seit November 1918 nicht nur in Deutschland, sondern bereits unmittelbar hinter den Schützengräben abspielte, in einer 1924 verfassten Geschichte seines Regiments geschildert. Darin wird »die allgemeine Auflösung« in Begriffen beschrieben, die deutlich von der Dolchstoß-Legende diktiert sind – nämlich als »Fahnenflucht der Etappe«, als Meuterei einer marodierenden Soldateska, plündernder und sinnlos zerstörender »Etappenindividuen« bzw. »roter Banditen«[17] –, was erkennen lässt, dass Nerger mit seinen Anschauungen am äußersten rechten Rand des politischen Spektrums stand. Seinen Widerpart bildete, was die Abschlussklasse der Charlottenburger Kaiser-Friedrich-Schule von 1912 betrifft, der spätere Rechtsanwalt und Notar Werner Fraustädter, ein der Erinnerung seiner Nichte zufolge »Mann extrem linker Überzeugungen«[18]. Dazu aber hatten ihn offenbar erst die Erfahrungen der Jahre 1914 bis 1918 gemacht. Denn kaum etwas in seiner relativ gut dokumentierten frühen Biographie deutete auf diese politische Radikalisierung hin.

Als Fraustädter im November 1918 nach Hause zurückkehrte, hatte er an »44 Schlachten und Gefechten« teilgenommen, war mit dem »Eisernen Kreuz II. Kl.« und dem »Verwundeten-Abzeichen in Silber« ausgezeichnet sowie zum »etatmässigen Unteroffizier« befördert worden und hatte sogar eine öffentliche Belobigung »durch Regiments-Tagesbefehl«[19] erfahren. Was „Krieg" bedeutete, hatte er also gründlich und in allen Facetten kennengelernt. Und im Gegensatz zu seinem ehemaligen Klassenkameraden Nerger, der auf eine ähnlich beeindruckende Militärkarriere verweisen konnte, hatte er seine Lehren daraus gezogen.

Während der Leutnant der Reserve und protestantische Pastor Nerger die militärische Niederlage und das Ende der Monarchie nur als »Schmach« und großes »deutsches Unglück«[20] empfand, erschien Fraustädter der Krieg im Nachhinein nur als ein sinnloser

> »Wahnsinn, der sich unter dem Segen sämtlicher Religionen auf Staatsbefehl fast ohne Widerstand und sogar unter tätiger Mitwirkung sogenannter sozialistischer Parteien vierundeinhalb Jahr lang abgespielt hatte«.[21]

Und wo der eine (Nerger) bereits bei der Entwaffnung seines Regiments »die Hand in der Tasche zum Racheschwur« ballte, auf Revanche sann und den politischen Aufruhr in der Heimat nur als »Mord an der Nation«[22] begriff, vermochte der andere (Fraustädter) dem Niedergang mehr positive als negative Aspekte abzugewinnen. Mit seinem ebenfalls 1924 zu Papier gebrachten Resümee möchte ich meine Ausführungen hier beschließen:

> »Als im Jahre 1918 das ungeheuerliche Verbrechen, der Weltkrieg, in sich selbst zusammenbrach, konnte man die Sinnlosigkeit aller seiner Einzelgeschehnisse fast vergessen, indem man ihm in seiner Ganzheit den historischen Sinn gab: Wegebereiter der großen sozialen Revolution

zu sein. Die Erbitterung […] wurde fast verdrängt durch den Jubel darüber, daß im Zusammenbruch der reaktionärsten Staatsgebilde neue, unterdrückte, bisher unter der Oberfläche vegetierende Strömungen zur Macht gelangten und neue politische und soziale Ideen sogar im Kreise der Siegerstaaten das Dunkel erhellten.«[23]

GUY STERN, DETROIT

WEHEN UND NACHWEHEN
DES ERSTEN WELTKRIEGS

Es ist allgemein bekannt, dass der Ausbruch des Ersten Weltkriegs die Geister in Deutschland spaltete. Ein Großteil der deutschen Bevölkerung stimmte zwar der Kriegserklärung zu, eine nicht zu übersehende Minorität bezeichnete sich jedoch ausdrücklich als Kriegsgegner. Verlief diese Spaltung aber entlang von konfessionellen Linien, das heißt zwischen Juden und Christen? Unter Heranziehung von Quellen aus Literatur, Selbstdarstellungen und eigener Familiengeschichte, die der Aufsatz bis in die Nachkriegszeit verfolgt, soll diese Frage eindeutig beantwortet werden.

Als ich die Einladung zu den Laupheimer Gesprächen 2013 erhielt, zögerte ich zunächst. Der Erste Weltkrieg, so schien es mir, hatte auf mich, den 1922 Geborenen, auf mein Leben und Werk, keinen Schatten geworfen. Aber ich habe mich geirrt. Als ich mir selbst, wie einst Vladimir Nabokov, die magischen Worte „Sprich, du mein Gedächtnis" sagte, da überkamen mich Dutzende von Erinnerungen und zogen mich in ihren Bann.

Ich bin sieben Jahre alt, kann längst lesen und schreiben. Zum ersten Mal sitze ich neben meinem Vater auf unserem festen Platz in der Hildesheimer Synagoge. Der Gottesdienst ist lang, ich bin dem Einschlafen nahe. Gelangweilt ziehe ich die Schublade in Fußhöhe auf, in der wir die Talisse und Gebetbücher aufbewahren. Diese werden nach dem „Ein Keloheinu", dem Schlussgebet, wieder in ihrem Fach verstaut. Jetzt ist es leer, aber mit vergilbtem Zeitungspapier ausgelegt. Ich lese die riesige Schlagzeile vom 9. April 1917: „Großes Gefecht bei Arras und Peronne. Unsere heldenhaften Soldaten haben sich tapfer geschlagen", heißt es weiter. Nach dem Gottesdienst frage ich meine Mutter mit der ganzen Altklugheit meines zarten Alters: „Wir waren denen doch haushoch überlegen. Warum haben wir den Krieg verloren?" Mutter, sonst nicht wortkarg, antwortet: „Wir haben uns zu Tode gesiegt." Ihr Bruder Felix ist in Frankreich geblieben, Bruder Willy schwer gasverwundet zurückgekehrt.

Der Patriarch und der Knirps: Großvater Israel Silberberg und der 5-jährige Günther, Vlotho 1927

Ein Jahr später bin ich bei meiner Großmutter Rebekka in Vlotho an der Weser. Spielsachen für einen Achtjährigen hat sie leider nicht. „Ach, da fällt mir etwas ein. Da steht doch dieser Holzkasten aus dem Krieg. Kömm mal her [so sagte sie immer], schlepp den mal ans Licht." Ich tat's. Oma packte aus. Da waren zwei große Bilderbögen, farbige Zeichnungen von all den feindlichen Herrschern Europas, vom König von Montenegro bis hin zum König von England. „Wer wird den Krieg gewinnen?" stand über den bösen Visagen. Durch jedes Gesicht lief ein schraffierter Strich: „Hier faltbar" stand daneben. Das ging leicht; ich war der Erste nicht, der hier hantierte. Und siehe da – aus sechs mach eins: Der erste Bilderbogen, mehrfach gefaltet, hatte von jedem Feind ein Gesichtsteil geborgt und brachte auf dem einen Bogen das edle Antlitz von Wilhelm II. hervor, auf dem anderen den k. und k. Kaiser Franz Joseph.

Da lagen noch andere Überbleibsel aus dem großen Krieg herum. Ich zog einige Millionenmarkscheine und eine Lebensmittelkarte für Brot hervor. „Mit den Millionen können wir uns das Haus tapezieren", war Großmutters Kommentar. Das verstand ich nicht. „Guck mal da, die Brotkarte", fügte sie hinzu. „Brot nannten sie das! War doch aus Steckrüben gebacken. Alles war aus Steckrüben. Ich kann noch nichtmals mehr das Wort hören! Dabei hatten wir sonst nichts zu brechen und zu beißen. Alle hatten wir Hunger. Nur der Schlachter Tietgen nebenan, der wurde immer fetter."

Noch einmal Vlotho, im selben Jahr, Volkstrauertag. Großvater hat seine Uniform von der Freiwilligen Feuerwehr angezogen. Wir sind eigentlich nur von Hildesheim nach Vlotho gereist, um seinen Geburtstag zu feiern, aber der Nationalfeiertag geht der Familienfeier voraus. Israel Silberberg, Patriarch von Kopf bis Fuß, „befiehlt" uns in die gute Stube. Die wird nur an den hohen jüdischen Feiertagen und an den Nationalfeiertagen betreten. Zwei Kerzen beleuchten das eingerahmte Portrait von Onkel Felix, gefallen „auf dem Felde der Ehre". „Mein guter Sohn", hören wir Großvater traurig und stolz zugleich sagen. Mein Blick aber fällt auf ein anderes Bild, eines von Kaiser Wilhelm II. „Wo ist der jetzt?", frage ich meine Mutter. „Der fällt jetzt Bäume in Doorn", antwortet sie bitter.

Jüdische Volksschule, Hildesheim 1931: Unser Klassenlehrer Oskar Stern erteilt Geschichtsunterricht. „Der nächste Krieg nach 70/71 fand von

1914 bis 1918 statt und endete mit dem Friedensvertrag von Versailles. Der Völkerbund wollte alle weiteren Kriege verhindern. Wer kann erklären, was der Völkerbund ist?" Nach dieser Frage war das Thema „Erster Weltkrieg" für den Lehrer erledigt.

Andreas Oberrealschule, Hildesheim 1934. Der Volkstrauertag heißt jetzt „Heldengedenktag". Unser Klassenlehrer wird von Herrn Gehring aus der Parallelklasse vertreten. „Ich war Kriegsteilnehmer. Wurde in Frankreich gefangen genommen. Nächstes Mal machen wir's besser!"

Bericht aus Hildesheim 1938 an mich im amerikanischen Bundesstaat Missouri: Das Telefon klingelt bei Onkel und Tante in St. Louis, liebe Verwandte, die mir das Leben gerettet und mich bei ihnen aufgenommen haben. Der Anruf ist für mich, am Apparat ist Tante Klärchen, Mutters Cousine. „Du, Günther, habe gestern einen Jungen aus Hildesheim kennengelernt, hat's gerade noch geschafft, wohnt jetzt bei Bekannten von uns hier in New York. Schlimme Nachrichten aus deiner Heimatstadt – die prominentesten Männer eurer jüdischen Gemeinde hat man verhaftet. Die sind alle auf dem Marktplatz zusammengetrommelt worden. Die meisten wirst du kennen, die Namen habe ich leider vergessen. Da war einer, den hat man schrecklich misshandelt. An den Namen erinnere ich mich jetzt doch noch. Kanntest du einen Dr. Kohn?"

„Ja, Tante Klärchen, das war doch unser Hausarzt."

Erinnerungen steigen auf. Dr. Kohn hatte im Ersten Weltkrieg ein Bein verloren, kam aber trotzdem zu allen Kranken in die Wohnung, auch zu uns in den dritten Stock.

„Was ist mit ihm geschehen, Tante?"

„Nun ja, als sie ihn abholen wollten, hat er sich alle seine Weltkriegsmedaillen angesteckt. Auf dem Weg zum Marktplatz konnte er wegen seiner Prothese aber nicht Schritt halten und ist hingefallen. Da kam so ein SA- oder SS-Mann, band ihm seine Prothese ab und schlug sie ihm über den Kopf."

Potsdam, Sommer 1998: Ich sitze mit meinem Freund und Kollegen Julius Schoeps in einer Potsdamer Gaststätte. Julius hat mich zu Beginn meiner Gastprofessur bei ihm in Potsdam zum Mittagessen eingeladen.

„Wenn ich nicht irre", wirft er einmal bei unserem Planungsgespräch ein,
„so kommst du aus Hildesheim."
Ich bestätige es und er fragt: „Ist dir die Steingrube ein Begriff?"
„Aber ja, dort haben wir als Kinder Fußball gespielt. Ein rasanter Rechts-
außen war ich!"
„Schön", räumte Julius ein, „aber darauf habe ich eigentlich nicht hinge-
steuert. Da ist doch heute eine große Bundeswehr-Kaserne. Und weißt du,
wie die heißt?" Erwartungsvolles Schweigen. „Julius-Schoeps-Kaserne!
Nein, nicht nach mir benannt, sondern nach meinem Großvater, dem Ober-
stabsarzt Julius Schoeps."
Seit dem 9. Februar 1994 hätte ich als Hildesheimer von Julius' Groß-
vater wissen müssen. Da wurde die Gallwitz-Kaserne auf der Steingrube
in einer feierlichen Zeremonie in Julius-Schoeps-Kaserne umgetauft – laut
Spiegel online „in Anerkennung hervorragender Leistungen" im Ersten
Weltkrieg.[1] Ein Held und (Super-)Patriot war jener Schoeps. So lautet ein
Zeitungsbericht:

„Stets seine Pflicht als Staatsbürger zu erfüllen, das war für den preußischen Oberstabsarzt der Reserve, Dr. Julius Schoeps (1863-1942),
oberstes Gebot. Der Berliner Arzt und Geburtshelfer aus jüdischer Familie, der in der Neuköllner Hasenheide praktizierte und als der Typ
des alten Hausarztes über alle Lebenslagen seiner Patienten gut Be-
scheid wusste, diente im Ersten Weltkrieg als Sanitätsoffizier. Nur wenige Tage nach Kriegsausbruch 1914 leitete Schoeps ein Reserve-
lazarett in Berlin und wurde später als Chef einer Sanierungsanstalt an
die ostpreußisch-polnische Grenze abkommandiert. Getreu der gleich
bei Kriegsausbruch verlautbarten Maxime der Berliner Jüdischen
Gemeinde: „Alle Deutschen müssen mehr tun als die Pflicht", trug
Schoeps noch bis 1920 die Uniform des kaiserlichen Heeres und pflegte
schwerverletzte Frontsoldaten im Feldlazarett Grassl in Berlin-Marien-
dorf."[2]

Wie ähneln sich die Tätigkeiten von Dr. Kohn und Dr. Schoeps – und ihr
Tod! Beide kamen in einem Konzentrationslager um.

Großmutter Rebekka Silberberg (81) und Cousine Marianne Silberberg (12),
Vlotho 1938 oder 1939, kurz vor der Deportation. Rebekka Silberberg kam
in Theresienstadt um. Marianne überlebte mit ihrer Mutter Henny Auschwitz

New York, 1949: Ich bin heil aus dem Zweiten Weltkrieg zurückgekehrt und studiere weiter in New York. Wie durch ein Wunder treffen meine Cousine Marianne und meine Tante Henny in dieser Stadt ein. Sie haben Auschwitz überlebt. Mein Onkel Willy, der aus dem Ersten Weltkrieg mit schwerer Gasvergiftung zurückkam, lebt nicht mehr. „Man hat ihn in Auschwitz zum zweiten Mal vergast", erzählt Tante Henny.

Universitäten in Amerika und Deutschland, genauer Ort und genaue Zeit unwichtig: Ich bin Professor für deutsche Literatur geworden, halte Vorlesungen (als Gastprofessor auch in Deutschland) und erforsche modernes Schrifttum.

In den sechziger Jahren eröffnet sich mir ein weiterer Einblick in deutsche Einstellungen zum Ersten Weltkrieg. Ich war damit beschäftigt, die Geschichte der renommierten politischen und belletristischen Zeitschrift „Der Neue Merkur" (1914-1916, 1919-1925) zu recherchieren. Dabei streifte ich damals allerdings nur die Aufsätze, die über den Krieg reflektierten. Meine nun umfassendere Beschäftigung damit zeigt, dass die Zeitschrift ein hervorragendes Spiegelbild der damaligen Meinungen erbringt. Besonders auch deshalb, weil in der Redaktion des Magazins, unter der Leitung des österreichisch-jüdischen Autors Efraim Frisch[3], in erster Linie die schriftstellerische Qualität der Beiträge und nur in zweiter Linie deren soziale oder politische Einstellung als Kriterium galten. Dadurch wurden die Nummern der Zeitschrift, wie gesagt, zu einem Spektrum der damaligen Meinungen – besonders aber, was den Krieg anbelangt.

Schon in einer der ersten Ausgaben stieß ich auf ein Kuriosum. Es war ein Essay von Kurt Hiller, einem deutsch-jüdischen Essayisten, jedoch alles andere als strenggläubigen Juden. Der Autor war mir vertraut als der Herausgeber des Jahrbuchs „Das Ziel", ein oder vielmehr das Organ der aktivistischen Bewegung. Die Hauptabsicht des „Ziels" war die Befürwortung eines konsequenten Pazifismus. Aber dieser Aufsatz vom März 1915 „An die Partei des deutschen Geistes" verblüffte mich. Hiller hieß den Krieg gut. „Man verdamme den Krieg; man muss ihn verdammen, *diesen* Krieg verdammen [aber] darf kein Deutscher ...".[4]

Auf genau diesen Essay kam ich während eines Interviews mit Hiller zurück. Die Wahl eines Treffpunkts für unsere Unterredung vom 28. Juni

1962 in Hamburg hatte ich ihm überlassen. Überraschenderweise schlug er inmitten der Hansestadt ein nicht ganz stilechtes bayerisches Restaurant vor. Auf seine Einstellung war ich allerdings vorbereitet. Hiller war von Jugend auf als streitbar bekannt und das hatte sich nicht geändert. Er verbrachte die erste Viertelstunde mit einer Tirade auf Rabbiner Leo Baeck, den ich in einem meiner Briefe an ihn erwähnt hatte. Hiller, der die enge Welt der Bourgeois verachtete, erklärte Baeck zu einem der ewig Gestrigen. Dann kam ich zu Wort und erwähnte sofort den oben erwähnten verhängnisvollen Aufsatz. Hiller, Exilant in England während der Hitlerzeit, senkte den Kopf. Er ließ einige Minuten verstreichen. „Ich habe mich geirrt", stieß er dann hervor.

Genau so reagierte Thomas Mann nach den ersten Kriegsjahren. Zunächst war er von einer absurden Kriegsbegeisterung ergriffen und er, der Nichtjude Mann, äußerte sich ähnlich, wenn auch subtiler und eleganter als der jüdische Schriftsteller Hiller. In seinem im „Neuen Merkur" veröffentlichten Aufsatz „Friedrich und die große Koalition" zog er eine unmissverständliche Parallele zwischen dem Einfall Friedrichs des Großen ins neutrale Sachsen und dem Einfall des kaiserlichen Heeres in Frankreich. Zwar weist Mann auch auf das Besessene im Charakter Friedrichs des Großen hin – Mann nennt es das „Element des Dämonischen" – aber er steht weiterhin zu seiner Grundthese: „Die [feindliche] Koalition hat sich ein wenig verändert, aber es ist sein Europa, sein im Hass verbündetes Europa, das uns nicht dulden, das ihn, den König, noch immer nicht dulden will ...".[5]

Auch Thomas Mann habe ich einmal interviewt – aber das steht auf einem anderen Blatt. Das war nach seinem Vortrag in St. Louis am 19. März 1939. Ich war damals 17 Jahre alt und in meinem Abiturjahr. „Die Buddenbrooks" hatte ich gelesen, aber von Thomas Manns Essays oder gar vom „Neuen Merkur" wusste ich absolut nichts. Wohl aber hörte ich genau hin, sowohl bei seinem Vortrag als auch danach, als er (mit Tochter Erika als Übersetzerin) Fragen beantwortete. „Könnten die beiden Diktatoren Hitler und Stalin vielleicht einmal gemeinsame Sache machen?", fragte ein Mann in einer der vordersten Reihen. „Absolut nicht", übersetzte Erika die Antwort des Vaters. Als sich ein paar Monate später das Gegenteil einstellte, reifte in mir die Einsicht, dass auch große Geister keine Propheten sind. Das sah auch Mann ein. In späteren Jahren charakterisierte er „Friedrich und die große Koalition" als „dies kleine historische Machwerk"[6].

Übrigens halte ich den Schluss seines Romans „Der Zauberberg" ebenfalls für eine Zurücknahme seiner damaligen Analyse. Sein Held, Hans Castorp, stolpert in den Ersten Weltkrieg hinein. Aber es gibt noch eine weitere, kaum beachtete Zurücknahme seiner Polemik – und sie erschien ebenfalls im „Neuen Merkur". Er hatte einen Vorabdruck seines eher misslungenen „Idylls", „Gesang vom Kindchen", Frisch und dem „Neuen Merkur" überlassen. Es erschien dort in sechs Ausgaben. In der letzten, im Mai 1919, also nach dem Krieg veröffentlichten Ausgabe, kommt er noch einmal auf den Krieg, die Schuldfrage und implizit auch auf sein damaliges Urteil zu sprechen:

„[die Feinde] waren sie besser nicht, so war Deutschland doch schlecht, das ist sicher;/

Denn die Zeit war gemein, und zu treu nur diente dein Volk ihr."[7]

Weitere Rechtfertigungen der deutschen Sache im Weltkrieg und ein ausgesprochenes Siegesbewusstsein durchzogen die Seiten des „Neuen Merkur". Das wird kaum verwundern, da der (wohlgemerkt jüdische) Herausgeber Efraim Frisch dabei ab und zu vorausging.

„Der Feind, der so lange als Hort des europäischen Gedankens gegolten hat, ist entlarvt", wetterte Frisch einmal.[8]

Ich habe den 1942 verstorbenen Efraim Frisch nicht kennengelernt, fragte aber seine Witwe Feiga Frisch einmal bei einem meiner ihr geltenden Besuche in Ascona nach dem Grund für seine scharfe Polemik. „Er war österreichischer Patriot", mutmaßte sie. Seine Korrespondenz untermauert diese Vermutung. Als Teile seiner Heimatprovinz laut Friedensvertrag an Polen abgetreten wurden, bemühte er sich (mit Erfolg) um die Beibehaltung seiner österreichischen Staatsangehörigkeit. Auch er distanzierte sich nach dem Krieg von der Einseitigkeit seines Urteils von 1914. In dem Essay „Rechenschaft" aus dem Jahre 1919 nahm er zwar seine Kritik an Deutschlands Gegnern nicht zurück, milderte sie aber ab und verurteilte dabei auch die Deutschen als Mitschuldige:

„Es bestand ein spät erst sichtbar werdender Riß zwischen der starken, unwiderstehlichen und nirgends versagenden Tatbereitschaft eines Volkes auf dem Wege zu seinem historischen Ziel und einem System der Politik der Regierenden, das solcher Aufgabe nicht gewachsen, ja ihr aus innersten Gründen seines Aufbaues fremd bleiben mußte. Daß die deutsche Regierung ihren europäischen Beruf in diesem Kriege nie begriffen hatte, das ist dem Volke zum Verhängnis geraten." Auch das geliebte k. und k. Österreich bekam einen Seitenhieb von ihm. Er forderte eine „Neugestaltung des altersmorschen Österreichs".[9]

Einer der Beiträger des „Neuen Merkur", der Katholik und Luxemburger Norbert Jacques, wurde in seiner Polemik gegen die Alliierten „Wir ... sie ... die Welt" noch direkter als Frisch. „Deutschland brauchte, Sieger [im internationalen Handel] der es war, den Krieg nicht. Aber England musste ihn haben. Es musste die gewaltsame Einmischung in die friedliche Sieghaftigkeit der deutschen Nation haben, um durch neue Verbrechen alte Fehlbuchungen zu decken und sich über Wasser zu halten. Nun sitzt es im Krieg, toll, und das Blut vergiftet. Dies irae!"[10]

Ich glaube nicht, dass Norbert Jacques seine Meinung je geändert hat. Seine Haltung während der Nazizeit lässt daran zweifeln.

Aber gab es keine Gegenstimmen zu der einseitigen Verdammung der feindlichen Nationen? In der Tat erschienen auch sie. Es ist das Verdienst von Efraim Frisch, seinem zeitweiligen Mitherausgeber Wilhelm Hausenstein[11] und dem Verleger Georg Müller, dass auch sie im „Neuen Merkur" abgedruckt wurden. Allerdings klingen sie gedämpfter als die Bejahungen des Kriegs. Zum einen lag das an der Stellungnahme selbst – Pazifismus darf nicht militant klingen –, andererseits standen die deutschen Zeitschriften unter dem Auge der Zensur. Man fand einen gewissen „modus vivendi": Man umgab die deutsche Selbstkritik mit einer Pauschalkritik an allen Kriegsteilnehmern, beschönigte aber gleichzeitig die Vorwürfe gegen Deutschland und Österreich durch euphemistische Phrasen.

Bei der Missbilligung des Dreierbundes gaben sich der Soziologe und Nationalökonom Franz Oppenheimer und der sozialdemokratische Reichstagsabgeordnete Wolfgang Heine die Hand. Beide forderten Abstand von „kochendem Grimm und bitterem Hass den Feinden gegenüber" (Oppenheimer) und eine Rückfindung zur Objektivität. „Dieser Standpunkt der engeren Soziologie ...", schreibt Oppenheimer, „mag uns dazu dienen, soviel Unparteilichkeit zu bewahren, wie uns möglich ist. Er kann uns davor bewahren, gröblich ungerecht zu sein, alles in himmlischem Licht zu sehen, was die Unseren tun, und alles im Schwefellicht der Hölle, was unsere Feinde tun ...".[12]

In seinem Aufsatz „Reife für den Frieden" projiziert Heine diese Forderung in die Zukunft: „Jetzt ist es Zeit, zu dem ganz klaren Bewusstsein zu kommen, dass es nicht Schwäche, sondern Stärke ist, wenn wir den Willen haben, mit denen wieder zu Frieden und Verständnis zu gelangen, mit denen uns die Weltgeschichte ... zusammengeworfen hat."[13] Es wird kaum überraschen, dass diese Apostel für Objektivität und Ausgleich inmitten des Ersten Weltkriegs sich etwa 25 Jahre später als Flüchtlinge im amerikanischen Exil befanden – Heine nach längeren Irrfahrten über Japan und China.[14]

In seiner Erzählung „Die Flucht nach Indien" lässt Arnold Ulitz, ganz ähnlich, seinen Helden Majestätsbeleidigung begehen und Anarchie verkünden. Sicherlich meint er dies im Ernst, aber er spricht seine Überzeugung im betrunkenen Zustand aus: „Er belachte die Staaten und Vaterländer der ganzen Welt. Er hatte große Lust, einmal am Kaiser vorbeizugehen und ihn von oben bis unten zu taxieren. Johannes Esse war demzufolge ein Anarchist. Ihm war der Krieg ein unsagbares lächerliches Schauspiel und eine Geschmacksverirrung, die er lange geahnt hatte."[15] Im Grunde ist er ein Feigling, aus Angst vor dem Krieg bringt er sich um. Darüber sprach ich mit Ulitz am 15. April 1962 in Memmingen (Allgäu). Er wollte sagen, erklärte er, Feigheit in einem sinnlosen Krieg sei gerechtfertigt.

Ulitz's Stil bewegt sich zwischen Realismus und Abstraktion. Dagegen ist Arnold Zweigs Novelle „Der Mann des Friedens" in allen Details, auch in der Wahl der Metaphern – zum Beispiel „... der Krieg fuhr schon überall durch die Zimmer"[16] –, vollkommen realistisch gehalten. Die Novelle, diesmal eines jüdischen Schriftstellers, erzählt die Geschichte eines rechtschaffenen Richters, der wegen der Unvernunft des Kriegs und der Lügenhaftigkeit der Reden und Reportagen einen Nervenzusammenbruch erleidet. „Er verstand durchaus nicht, dass Deutschland, dass Europa Krieg führen sollte ... Krieg galt ihm als massenhafter Mord und nichts weiter." Er endet im Sanatorium. Der Zensor sollte vielleicht glauben, dass man die Überzeugungen eines Geistesgestörten nicht ernst zu nehmen brauchte.

Allgemein gesagt ist es dem „Neuen Merkur" und ähnlichen deutschen Medien hoch anzurechnen, dass sie trotz der weit verbreiteten Kriegsbegeisterung, Hasstiraden und der Zensur den Mut hatten, selbstkritisch vorzugehen und sogar den gegnerischen Standpunkt zu vermitteln. Nach dem Krieg wurde aus jenen Einzelstimmen ein ganzer Chor. Im „Neuen Merkur" erschienen beispielsweise mehrere anti-militaristische Erzählungen, etwa des Christen Armin T. Wegners „Der Knabe Hussein", worin die negative Entwicklung eines kleinen unschuldigen türkischen Jungen zu einem Killer in Uniform dargestellt wird.[17] Wiederum möchte ich auch das Werk eines jüdischen Autors herausgreifen, das sich ebenfalls mit dem Dilemma eines Jugendlichen im Krieg beschäftigt. Das überrascht kaum. Zu dem Zeitpunkt war die Abrechnung mit den Kriegstreibern auf beiden Seiten schon längst an der Tagesordnung. Es ist das Jahrzehnt, in dem zum Beispiel Erich Maria Remarques Roman „Im Westen nichts Neues"[18] ein internationaler Bestseller wurde. Die Perspektive eines Jugendlichen gestaltete ebenfalls der deutsch-jüdische Autor Rudolf Frank.[19] Auch er deckte den Horror des Kriegs schonungslos auf. Frank skizzierte in seinem Roman nicht nur die physischen und psychologischen Auswirkungen des Kriegs, sondern auch die sie begleitende Nivellierung von Kultur und Sprache. Als Frontsoldat und Kriegsberichterstatter konnte er all das aus nächster Nähe beobachten.

Jene späteren Verfasser hatten oft mehr als eine Intention vor Augen. Sie wollten nicht nur mit den Kriegsstiftern abrechnen, sie hofften ebenfalls, dass ihre Fiktionen und Sachdarstellungen als Warnung vor einem weiteren Weltkrieg verstanden würden. Wir wissen, dass auch diese Hoffnung getrogen hat.

Bei der Betrachtung des „Neuen Merkurs" als eine Art Stimmungsbarometer aus dem Ersten Weltkrieg sind noch zwei wichtige Feststellungen zu treffen. Zum einen, was *nicht* in den besseren Zeitungen und Zeitschriften erschien, zum anderen, was der Krieg trotz oder aufgrund seines Schreckens deutschen und österreichischen Schriftstellern an zukunftsträchtigen Beiträgen abverlangte. Dieses Positive aber soll im Epilog zur Sprache kommen.

Zum Ersten: Weder der „Neue Merkur" noch andere renommierte Zeitschriften verlegten sich – mit wenigen Ausnahmen – auf eine Verherrlichung des Schlachtfelds. Im Gegenteil, schon 1915 hatte der bekannte expressionistische Schriftsteller Paul Zech in einer Skizze aus dem Schlachtfeld geschrieben: „Kameraden, mit denen wir Blutsbrüderschaft getrunken hatten an einsamen Lagerfeuern, fielen von uns ab wie ein zu schweres Gewicht und zerschellten."[20] Bei ihm sind eichenbekränzte Fahnen mit Blut übersprengt. Auch Johannes R. Becher lässt ähnliche Beschreibungen in sein expressionistisches Gedicht „Vernichtung" einfließen: „Schwerter sind zerhauen. Zerfetzt [ist] die wehende Locke. Was einst sich ‚völkermordend' erhob, ward verscharrt."[21]

Man vergleiche diese ehrlichen Beschreibungen mit einem demagogischen Nachkriegs-Gedicht von Rudolf Binding, „SCHLACHT – ABEND – GEWÖLK", aus seinem Gedichtband „Stolz und Trauer" entnommen und im „Neuen Merkur" abgedruckt – eine Verirrung, wie sich zeigen sollte:

„Wie leicht wird nun alles. Es ist, als hübe das Sterben
die Leiber sanft aus den Armen der Erde empor:
wie man einer Mutter ein Kind abnimmt. –
Die Stimmen der Sehnsucht verstummten.
Gestillt auf immer war das Verlangen nach Fernem.
Besinnung wurde langsam hinausgetragen
wie ein Licht. Nur das Auge
wandte noch einmal
ewig sich zum erblindenden Himmel. –
Dann kam der Tod, der alles einfach macht."[22]

Ich darf bezeugen, dass sich der Tod auf dem Schlachtfeld selten so elegant vollzog.

Nach der Lektüre der Beiträge von Zweig, Zech, Becher und Binding etc. lässt sich ein vorläufiges Fazit über die Einstellungen deutscher Schriftsteller zum Ersten Weltkrieg unschwer erstellen. Eine scharfe Trennlinie durchläuft jene Meinungen. Aber sie verläuft nicht entlang der religiösen Zugehörigkeit der Meinungsvertreter. Meine Schlussfeststellung deckt sich mit dem abschließenden Urteil einer vor zwei Jahren in England erschienenen Studie von Tim Grady, The German-Jewish Soldiers of the First World War in History and Memory:

„German Jews reacted to the onset of hostilities in August 1914 in the same way as all Germans. While a number of prominent Jewish intellectuals criticised the war, the majority of Jews, as with German society as a whole, declared their support for the conflict ... Although the turmoil of the war did lead to a rise in anti-Jewish sentiment, it did not result in the complete exclusion of Jews. Indeed, there were many aspects of the war, most obviously the front-line troops' experience of death, injury and mutilation, that affected all Germans equally."[23]

„[Grady also] challenges", so summiert ein Rezensent, „the mainstream post-Holocaust view that there was an unbridgeable gulf between the experiences and war memories of Gentile and Jewish Germans."[24] Grady stützt sich dabei auf konkrete Beobachtungen, etwa dass deutsch-jüdische Gefallene, genau wie ihre christlichen Kriegskameraden, unter dem Zeichen des Kreuzes begraben wurden – ein Symbol dafür, dass eine rein religiöse Bedeutung von den meisten Kriegsteilnehmern nicht mehr wahrgenommen wurde. Außerdem brachten Gedenkfeiern Hinterbliebene beider Konfessionen zusammen, so kamen beispielsweise Repräsentanten von Unternehmen und Firmen wie etwa von Siemens[25] sowohl zu christlichen als auch zu jüdischen Beerdigungen.

Die nun folgende letzte Feststellung ist als eine Art Epilog gedacht. Während der Krieg noch weiterhin Europa überzog, saß ein fünfundzwanzigjähriger Student der Universität Wien an einem eigenwilligen Projekt. Für dieses war er gewissermaßen prädestiniert. Er hieß Richard Nikolaus Coudenhove-Kalergi. Der Name ist eine Ahnentafel in nuce. Coudenhove dokumentiert holländische Vorfahren, Kalergi byzantinisch-kretische. Sein Vater war österreichischer Diplomat, als Botschafter in Japan hatte er eine japanische Adlige geheiratet. Der Sohn, Richard Nikolaus, war in Japan geboren und wuchs in Westböhmen auf. Mit steigender Abneigung hatte er die Kriegsgeschehnisse verfolgt; er nannte mir gegenüber den Ersten Weltkrieg einen „europäischen Bürgerkrieg". Im Oktober 1961 lernte ich ihn wie verabredet im Hotel Dolder in Zürich kennen; er war damals 67 Jahre alt. Wir verbrachten den Nachmittag und Abend zusammen. Selten war ich von einem Menschen so beeindruckt. Er konnte aus seinem Leben erzählen, aber auch seine Gedanken mit einer Logik vortragen, die überaus beeindruckend war. Efraim Frisch hatte die Ideen des unbekannten Studenten seit 1923 immer wieder in seiner Zeitschrift veröffentlicht und damit einen lebenslangen Bewunderer gewonnen.[26] Als Folge dieser Veröffentlichungen und eines weiteren Buchs aus demselben Jahr schlug die von Coudenhove-Kalergi als „Pan-Europa" bezeichnete Idee[27] eines vereinten Europas zeitweise die führenden europäischen Geister in ihren Bann, darunter einige der einflussreichsten Staatsmänner Europas, etwa Aristide Briand, Bruno Kreisky, Konrad Adenauer, ebenso den Schriftsteller Franz Werfel und den Wissenschaftler Albert Einstein.

„Nur so können weitere europäische Kriege verhindert werden", sagte er mir bei unserem Gespräch. Diese Überzeugung erwuchs ihm aus dem Ersten Weltkrieg und an ihr hielt er besonders auch noch nach dem Zweiten Weltkrieg fest.

Es gab mehrere solcher Impulse. Sie alle, so der Kulturexperte Paul Michael Lützeler, waren Auslöser für die Schaffung einer Europäischen Union. Dabei seien die Überlegungen zur Pan-Europa-Bewegung, so Lützeler, nicht zu unterschätzen. „Ohne das Buch Pan Europa von 1923 ist die Europa-Diskussion der zwanziger Jahre unvorstellbar. Es erregte Aufsehen in fast allen europäischen Ländern und provozierte zahllose Stellungnahmen", schreibt Lützeler.[28] Aus den Wehen des Ersten Weltkriegs war zumindest eine fruchtbringende Idee geboren. Eine lateinische Redensart lautet „per errata ad astra", durch Fehler zu den Sternen. Wir wollen hoffen, dass sie sich diesmal bewahrheitet.

ANHANG

ANMERKUNGEN
LITERATUR
AUTOREN
ORTS- UND PERSONENREGISTER
BILDNACHWEIS

ANMERKUNGEN

Paula Lutum-Lenger, Einführung

1   Rosenthal, Jacob: „Die Ehre des jüdischen Soldaten". Die Judenzählung im Ersten
Weltkrieg und ihre Folgen, Frankfurt am Main 2007, S. 54.

2   Dowe, Christopher: Matthias Erzberger und sein Verhältnis zu Juden und Antisemi-
tismus, in: Haus der Geschichte Baden-Württemberg (Hg.): Matthias Erzberger.
Ein Demokrat in Zeiten des Hasses, Karlsruhe 2013, S. 72-102, hier S. 92
(Stuttgarter Symposion, Bd. 15). Dowe zitiert hier Rosenthal, S. 55.

3   Marx, Julius: Kriegstagebuch eines Juden, Zürich 1939, S. 139.

4   Schäll, Ernst: Deutsche Soldaten jüdischen Glaubens aus einer württembergischen
Kleinstadt, in: Schwäbische Heimat, 49. Jg., 1998/4, S. 433-441, hier S. 438.

5   Ebd., S. 433.

Christoph Jahr, Episode oder Wasserscheide?
Der deutsche Antisemitismus im Ersten Weltkrieg

1   „Zuruf an die Jünglinge, welche den Fahnen des Vaterlandes folgen", Flugschrift von
1813, zitiert nach Berger, Michael: Eisernes Kreuz und Davidstern. Die Geschichte
Jüdischer Soldaten in Deutschen Armeen, Berlin 2006, S. 37.

2   Aufruf des „Centralvereins deutscher Staatsbürger jüdischen Glaubens": „An die deutschen Juden!", 1. August 1914, abgedruckt in: Im Deutschen Reich, 20. Jg., Nr. 9
(September 1914), S. 339 (im August war keine Ausgabe der Zeitschrift erschienen).

3   Rürup, Reinhard: Jüdische Geschichte in Deutschland. Von der Emanzipation bis zur
nationalsozialistischen Vernichtung, in: Blasius, Dirk und Diner, Dan (Hg.): Zerbrochene Geschichte. Leben und Selbstverständnis der Juden in Deutschland, Frankfurt
am Main 1991, S. 79-101, hier S. 99.

4 Der Vortrag bei den Laupheimer Gesprächen am 6. Juni 2013 basierte auf: Jahr, Christoph: Sündenböcke der Niederlage. Warum der deutsche Antisemitismus im Ersten Weltkrieg immer radikaler wurde, in: Burgdorff, Stephan und Wiegrefe, Klaus (Hg.): Der 1. Weltkrieg. Die Ur-Katastrophe des 20. Jahrhunderts, München, Hamburg 2004, S. 185-189. Für die Druckfassung habe ich den Text stark überarbeitet und mit einem neuen Titel versehen.

5 Der Begriff „Emanzipation" taucht in diesem Zusammenhang 1817 auf und wird erst über zehn Jahre später allgemein verwendet, vgl. Rürup, Reinhard: Emanzipation. Anmerkungen zur Begriffsgeschichte, in: ders.: Emanzipation und Antisemitismus. Studien zur „Judenfrage" der bürgerlichen Gesellschaft, Frankfurt am Main 1987, S. 159-166.

6 Vgl. hierzu Frevert, Ute: Die kasernierte Nation. Militärdienst und Zivilgesellschaft in Deutschland, München 2001, S. 95-103; vgl. auch Michalka, Wolfgang: Zwischen Patriotismus und Judenzählung: Juden und Militär während des Ersten Weltkrieges, in: ders. und Voigt, Martin (Hg.): Judenemanzipation und Antisemitismus in Deutschland im 19. und 20. Jahrhundert. Ein Tagungsband, Eggingen 2003, S. 105-115, bes. S. 105-109.

7 Dazu Berger, Eisernes Kreuz und Davidstern, S. 68-90.

8 Ebd., S. 125.

9 Ebd., S. 127.

10 Zitiert nach Volkov, Shulamit: Walther Rathenau. Ein jüdisches Leben in Deutschland 1867-1922, München 2012, S. 34.

11 Beispiele dazu Berger, Eisernes Kreuz und Davidstern, S. 128-130. Dass dieser Patriotismus nicht nur von den jüdischen Interessenvertretungsorganisationen, sondern auch von den sie repräsentierenden Juden vielfach geteilt wurde, zeigt Cornelia Hecht in ihrem nachfolgenden Aufsatz hier im Band.

12 Picht, Clemens: Zwischen Vaterland und Volk. Das deutsche Judentum im Ersten Weltkrieg, in: Michalka, Wolfgang (Hg.): Der Erste Weltkrieg. Wirkung, Wahrnehmung, Analyse, München, Zürich 1994, S. 736-755, hier S. 736.

13 von Ungern-Sternberg, Jürgen und von Ungern-Sternberg, Wolfgang: Der Aufruf „An die Kulturwelt!" Das Manifest der 93 und die Anfänge der Kriegspropaganda im Ersten Weltkrieg. Mit einer Dokumentation, Stuttgart 1996.

14 Pulzer, Peter: Der Erste Weltkrieg, in: Deutsch-jüdische Geschichte in der Neuzeit, herausgegeben im Auftrag des Leo Baeck Instituts von Meyer, Michael A. unter Mitwirkung von Brenner, Michael, Bd. 3: Umstrittene Integration 1871-1918, München 1997, S. 356-380, hier S. 359.

15 Zitiert nach Ullrich, Volker: Fünfzehntes Bild: „Drückeberger". Die Judenzählung im Ersten Weltkrieg, in: Schoeps, Julius H. und Schlör, Joachim (Hg.): Bilder der Judenfeindschaft. Antisemitismus. Vorurteile und Mythen, Augsburg 1999, S. 210-217, hier S. 211.

16 Jochmann, Werner: Die Ausbreitung des Antisemitismus in Deutschland 1914-1923, in: ders.: Gesellschaftskrise und Judenfeindschaft in Deutschland 1870-1945, Hamburg 1991, 2. Auflage, S. 99-170, hier S. 101 (Hamburger Beiträge zur Sozial- und Zeitgeschichte, Bd. 23).

17 Vgl. Jahr, Christoph: Antisemitismus vor Gericht. Debatten über die juristische Ahndung judenfeindlicher Agitation in Deutschland (1879-1960), Frankfurt am Main 2011, S. 245-253.

18 Zitiert nach Jochmann, Die Ausbreitung des Antisemitismus, S. 102, leider ohne weitere Quellenangabe.

19 Kaplan, Marion: Konsolidierung eines bürgerlichen Lebens im kaiserlichen Deutschland 1871-1918, in: dies. (Hg.): Geschichte des jüdischen Alltags in Deutschland. Vom 17. Jahrhundert bis 1945, München 2003, S. 225-344, hier S. 298; Picht, Zwischen Vaterland und Volk, S. 743.

20 Berding, Helmut: Moderner Antisemitismus in Deutschland, Stuttgart 1988, S. 171.

21 Ebd., S. 172.

22 Zitiert nach Ullrich, Fünfzehntes Bild: „Drückeberger", S. 212 f.

23 Marx, Julius: Kriegstagebuch eines Juden, Frankfurt am Main 1964, S. 129.

24 Vgl. Leicht, Johannes: Heinrich Claß 1868-1953. Die politische Biographie eines Alldeutschen, Paderborn 2012, S. 221-225.

25 Angress, Werner T.: Das deutsche Militär und die Juden im Ersten Weltkrieg, in: Militärgeschichtliche Mitteilungen 19,1 (1976), S. 77-146, hier S. 97.

26 Marx, Kriegstagebuch eines Juden, S. 138.

27 Matthäus, Jürgen: Das Verhältnis zwischen dem „Centralverein deutscher Staatsbürger jüdischen Glaubens" (CV) und der „Zionistischen Vereinigung für Deutschland" (ZVfD) im Ersten Weltkrieg, unveröff. Magisterarbeit, Ruhr-Universität Bochum 1986, S. 81.

28 Jochmann, Die Ausbreitung des Antisemitismus, S. 115.

29 Oppenheimer, Franz: Die Judenstatistik des Preußischen Kriegsministeriums, München 1922, S. 14.

30 Picht, Zwischen Vaterland und Volk, S. 748

31 Angress, Das deutsche Militär und die Juden, S. 77; dieses Zitat entstammt einem anonymen Flugblatt „Die Juden im Weltkriege" und wurde abgedruckt in den Mitteilungen des Vereins zur Abwehr des Antisemitismus, Nr. 10/11, 12.6.1918.

32 Jochmann, Die Ausbreitung des Antisemitismus, S. 120.

33 Die hierzu wohl gründlichste neuere Abhandlung ist die von Barth, Boris: Dolchstoßlegende und politische Desintegration. Das Trauma der deutschen Niederlage im Ersten Weltkrieg 1914-1933, Düsseldorf 2003.

34 Zitiert nach Berding, Moderner Antisemitismus, S. 170.

35 Umfassend hierzu Sieg, Ulrich: Jüdische Intellektuelle im Ersten Weltkrieg. Kriegserfahrungen, weltanschauliche Debatten und kulturelle Neuentwürfe, Berlin 2001. Zur

Bedeutung der Diskriminierungserfahrungen im Weltkrieg in diesem Kontext vgl. Hoffmann, Christhard: Between Integration and Rejection: the Jewish Community in Germany, in: Horne, John (Hg.): State, Society and Mobilization in Europe during the First World War, Cambridge 1997, S. 89-104.

36 Pulzer, Der Erste Weltkrieg, S. 367.

37 Richarz, Monika: Schluß, in: Deutsch-jüdische Geschichte in der Neuzeit, herausgegeben im Auftrag des Leo Baeck Instituts von Meyer, Michael A. unter Mitwirkung von Brenner, Michael, Bd. 3: Umstrittene Integration 1871-1918, München 1997, S. 381-384, hier S. 384.

38 Rosenthal, Jacob: „Die Ehre des jüdischen Soldaten". Die Judenzählung im Ersten Weltkrieg und ihre Folgen, Frankfurt am Main 2007, S. 207.

39 Angress, Werner T.: The German Army's „Judenzählung" of 1916. Genesis – Consequences – Significance, in: Leo Baeck Institute Year Book 23 (1978), S. 117-137, hier S. 135.

40 Diese Bilanz zieht Fine, David J.: Jewish Integration in the German Army in the First World War, Berlin 2012, S. 127.

41 Vgl. Weber, Thomas: Hitlers erster Krieg. Der Gefreite Hitler im Weltkrieg – Mythos und Wahrheit, Berlin 2011.

42 Vgl. Grady, Tim: The German-Jewish Soldiers of the First World War in History and Memory, Liverpool 2011.

43 Anlässlich einer Zählung der Elsass-Lothringer im Heimatheer im Frühjahr 1916 stellt Ziemann, Benjamin: Front und Heimat. Ländliche Kriegserfahrungen im südlichen Bayern 1914-1923, Essen 1997, S. 210, Anm. 857 den Vergleich mit der „Judenzählung" an.

44 Vgl. Jahr, Christoph: Gewöhnliche Soldaten. Desertion und Deserteure im deutschen und britischen Heer 1914-1918, Göttingen 1998, S. 252-284 und S. 336.

Cornelia Hecht, „… jetzt ist für mich der einzig mögliche Platz in der Linie in Reih und Glied" (Ludwig Frank) – Kriegserfahrungen jüdischer Württemberger und Badener

1 Württembergischer Landesverband des Centralvereins deutscher Staatsbürger jüdischen Glaubens (Hg.): Jüdische Frontsoldaten aus Württemberg und Hohenzollern, Stuttgart 1926.

2 Vgl. dazu: Hank, Sabine, Simon, Hermann, Hank, Uwe: Feldrabbiner in den deutschen Streitkräften des Ersten Weltkrieges, Berlin 2013.

3 Zum Folgenden: Rosenthal, Berthold: Heimatgeschichte der badischen Juden – seit ihrem Auftreten bis zur Gegenwart, Bühl/Baden 1927, S. 421.

4   Rede Ludwig Franks vor den Mannheimer Arbeitern am 29.7.1914, in: Frank, Ludwig: Reden, Aufsätze und Briefe, ausgewählt und eingeleitet von Wachenheim, Hedwig, Berlin 1924, S. 353.

5   Brief von Ludwig Frank an eine Freundin namens Leonie Meyerhof-Hildeck vom 23.8.1914, in: Frank, Reden, Aufsätze und Briefe, S. 357.

6   Nachruf von Heuss, Theodor, in: Die Hilfe. Wochenschrift für Politik, Literatur und Kunst, 20. Jg., 17.9.1914, wiederabgedruckt in: Heuss, Theodor: An und über Juden. Aus Schriften und Reden, zusammengestellt und herausgegeben von Lamm, Hans, Düsseldorf 1964, S. 44.

7   Siehe dazu eingehend den Aufsatz von Christoph Jahr in diesem Band.

8   Zechlin, Egmont: Die deutsche Politik und die Juden im Ersten Weltkrieg, Göttingen 1969, S. 86-100.

9   Marx, Hugo: Werdegang eines jüdischen Staatsanwalts und Richters in Baden (1862-1933). Ein soziologisch-politisches Zeitbild, Villingen 1965, S. 74.

10 Zitiert nach: Vogel, Rolf: Ein Stück von uns, Mainz 1977, hier S. 108.

11 Tänzer, Arnold: Kriegserinnerungen, in: Richarz, Monika (Hg.): Bürger auf Widerruf. Lebenszeugnisse deutscher Juden 1780-1945, München 1989, S. 344-355, hier S. 345.

12 Ebd., S. 346.

13 Vgl. dazu: Sieg, Ulrich: Jüdische Intellektuelle im Ersten Weltkrieg: Kriegserfahrungen, weltanschauliche Debatten und kulturelle Neuentwürfe, Berlin 2001, S. 43 ff.

14 Theilhaber, Felix A.: Jüdische Flieger im Kriege, in: Im Deutschen Reich, 23. Jg., Nr. 10, 10.10.1917. Zitat von Josef Zürndorfer auch abgedruckt in: Ginzel, Günther B.: Jüdischer Alltag in Deutschland 1933-1945, Düsseldorf 1984, S. 25.

15 Schmidt, Ernst-Heinrich: Zürndorfer-Waldmann. Das Schicksal deutscher Frontkämpfer jüdischer Abstammung und jüdischen Glaubens und ihrer Familien 1914-1945, in: Militärgeschichtliches Forschungsamt Potsdam (Hg.): Deutsche Jüdische Soldaten von der Epoche der Emanzipation bis zum Zeitalter der Weltkriege, Hamburg, Berlin, Bonn 1996, S.177-180, hier S. 178.

16 Pulzer, Peter: Der Erste Weltkrieg, in: Deutsch-jüdische Geschichte in der Neuzeit, herausgegeben im Auftrag des Leo Baeck Instituts von Meyer, Michael A. unter Mitwirkung von Brenner, Michael, Bd. 3: Umstrittene Integration 1871-1918, München 1997, S. 356-380, hier S. 358.

17 An die deutschen Juden!, in: Im Deutschen Reich, 20. Jg., Nr. 9 (September 1914), S. 339.

18 Vgl. Loewe, Henrich: Feinde ringsum!, in: Jüdische Rundschau, 19. Jg., Nr. 32, 7.8.1914.

19 Deutsche Juden! (Aufruf der „Zionistischen Vereinigung für Deutschland"), in: Jüdische Rundschau, 19. Jg., Nr. 32, 7.8.1914.

20 Vgl. auch die Erinnerungen von Auerbach, Elias: Pionier der Verwirklichung, Stuttgart 1969.

21 Blumenfeld, Kurt: Erlebte Judenfrage. Ein Vierteljahrhundert deutscher Zionismus, Stuttgart 1962, S. 116 f.

22 Oppenheimer, Franz: Antisemitismus, in: Neue Jüdische Monatshefte, 2. Jg., Heft 1, 10.10.1917.

23 Salzberger, Georg: Aus meinem Kriegstagebuch, Frankfurt am Main 1916, S. 17.

24 Hobohm, Martin: Vergrabene Schätze, in: C.V.-Zeitung, 3. Jg., Nr. 23, 10.7.1924, S. 419.

25 Ebd.

26 Kriegsbriefe gefallener deutscher Juden, mit einem Geleitwort von Strauß, Franz Josef, Tübingen 1961, S. 112 f.

27 Ebd., S. 87.

28 Marx, Julius: Kriegstagebuch eines Juden, Zürich 1939, S. 21.

29 Ebd., S. 32 f.

30 Ebd., S. 40.

31 Hobohm, Vergrabene Schätze, S. 420.

32 Marx, Kriegstagebuch eines Juden, S. 126.

33 Ebd., S. 129.

34 Ebd., S. 116.

35 Ebd., S. 144 und S. 172.

36 Ebd., S. 129.

37 Ebd.

38 Ebd.

39 Lewin, Reinhold: Der Krieg als jüdisches Erlebnis, in: Monatsschrift für Geschichte und Wissenschaft des Judentums, 63. Jg., Neue Folge 27. Jg. (Juli/Dezember 1919).

40 Mendes-Flohr, Paul: Im Schatten des Krieges, Deutsch-jüdische Geschichte in der Neuzeit, Bd. 4: Aufbruch und Zerstörung, 1918-1945, München 1997, S. 15-36, hier S. 20.

41 Marx, Kriegstagebuch eines Juden, S. 138.

42 Weil, Bruno: Unsere Soldaten und die Judenfrage, in: Im Deutschen Reich, 23. Jg., Nr. 9, 1917, S. 351-359, hier S. 354 ff.

43 Vgl. ebd., S. 80 und S. 84.

44 Ebd., S. 96.

45 Ebd., S. 67.

46 Ebd., S. 76.

47 Ebd.

48 Zechlin, Die deutsche Politik, S. 94.

49 Ebd., S. 126 ff.

50 Ebd., S. 160 f.

51 Marx, Kriegstagebuch eines Juden, S. 94.

52 Dokumente Arnold (Aron) Tänzer, in: Hank, Sabine, Simon, Hermann, Hank, Uwe: Feldrabbiner in den deutschen Streitkräften des Ersten Weltkrieges, Berlin 2013, S. 426-438, hier S. 429, S. 431 ff.

53 Tänzer, Kriegserinnerungen, S. 352 f.

54 Dokumente Arnold (Aron) Tänzer, in: Hank/Simon/Hank, Feldrabbiner, S. 426.

55 Tänzer, Kriegserinnerungen, S. 350.

56 Ebd., S. 346 f.

57 Sauer, Paul und Hosseinzadeh, Sonja: Jüdisches Leben im Wandel der Zeit, Gerlingen 2002, S. 84 f.

58 Rueß, Susanne und Stölzle, Astrid (Hg.): Das Tagebuch der jüdischen Kriegskrankenschwester Rosa Bendit, 1914 bis 1917, Stuttgart 2012 (Herausgabe und Kommentar).

Annegret Jürgens-Kirchhoff, Niedergeschlagene Soldaten – Die ‚Helden' des Ersten Weltkriegs in der bildenden Kunst

1 Der vorliegende Beitrag ist eine überarbeitete und gekürzte Fassung eines unter dem selben Titel erschienenen Aufsatzes, in: Cahl, Horst, Kortüm, Hans-Henning, Langewiesche, Dieter, Lenger, Friedrich (Hg.): Kriegsniederlagen. Erfahrungen und Erinnerungen, Berlin 2004, S. 427-445.

2 Ernst Barlach, Der heilige Krieg, 1914, 41,3 x 25,4 cm, Blatt 3 aus der Folge „Kriegszeit", 1914-1916, 12 Lithographien, Abb. in: Schrecknisse des Krieges. Druckgraphische Bildfolgen des Krieges aus fünf Jahrhunderten, Ausstellungskatalog Elmar Bauer, Wilhelm-Hack-Museum, Ludwigshafen am Rhein 1983, S. 171. Vgl. dazu die ebenfalls 1914 entstandene Skulptur, die zunächst „Berserker Nr. 3" oder „Stürmender Berserker" heißen sollte und später den Titel „Der Rächer" erhielt; Abb. in Holsten, Siegmar: Allegorische Darstellungen des Krieges, München 1976, Abb. 142.

3 Max Liebermann, „Jetzt wollen wir sie dreschen!", 1914, Abb. in: „Kriegszeit", Nr. 2, 7.9.1914, Titelseite.

4 Otto Dix, Selbstbildnis als Mars, 1915, Öl/Lwd, 81 x 66 cm, Freital, Haus der Heimat, Abb. in: Conzelmann, Otto: Der andere Dix. Sein Bild vom Menschen und vom Krieg, Stuttgart 1983, S. 75, Abb. 93.

5 Slevogt, Max: Ein Kriegstagebuch, Berlin 1917, s. p. (Vorwort).

6 Scheffler, Karl, in: Kunst und Künstler, XIII. Jg., 1914/15, S. 1.

7 Scheffler, Karl: Chronik, in: Kunst und Künstler, XIII. Jg., 1914/15, S. 44.

8 Zit. nach Cichowski, Sabine und Holzer, Hans: Paul Klees Einberufung und militärische Stationen, in: Benz-Zauner, Margareta u. a. (Hg.): Und ich flog. Paul Klee in Schleißheim, Ausstellungskatalog, Deutsches Museum, München 1997, S. 32-37, hier S. 33, Anm. 2.

9   Beckmann, Max: Briefe im Kriege 1914/1915, München 1984 (1. Auflage Berlin 1916), S. 43.

10 von Wiese, Stephan: Max Beckmanns zeichnerisches Werk, 1903-1925, Düsseldorf 1978, S. 48.

11 Otto Dix im Gespräch mit H. Kinkel 1961/1967, in: Schmidt, Diether: Otto Dix im Selbstbildnis, Berlin (Ost) 1981, S. 252.

12 Brief an Helene Jakob vom 13.2.1916, zit. nach Conzelmann, Der andere Dix, S. 81 f.

13 Zit. nach Steinlen, Théophile-Alexandre, Ausstellungskatalog, Städtische Galerie Schloss Oberhausen, Oberhausen 1983/84, S. 246.

14 Zit. nach Hirschfeld, Gerhard, Krumeich, Gerd, Renz, Irina (Hg.): Keiner fühlt sich hier mehr als Mensch ... Erlebnis und Wirkung des Ersten Weltkriegs, Essen 1993, S. 4.

15 Eine 1992 entstandene Arbeit der britischen Künstlerin Elizabeth Williams „Seven Miles of Mud" (35 Fotos, die in sieben Sequenzen mit je fünf Bildern organisiert sind) bezieht sich auf eine Schlacht des Ersten Weltkriegs, auf die als dritte Ypernschlacht bekannte „Schlacht von Passchendaele" im Jahr 1917. Williams thematisiert hier unter Bezugnahme auf Fotografien, Gemälde und Literatur zum Ersten Weltkrieg den Zustand eines Schlachtfeldes, das sich unter den Bedingungen eines Stellungskriegs und unter katastrophalen Wetterverhältnissen in eine Schlammwüste verwandelt hatte. Vgl. dazu die Analyse der „Seven Miles of Mud" in: Matthias, Agnes: Die Kunst, den Krieg zu fotografieren. Krieg in der künstlerischen Fotografie der Gegenwart, Marburg 2005, S. 187-196.

16 Wilhelm Lehmbruck, zit. nach Schubert, Dietrich: Wilhelm Lehmbruck. Catalogue raisonné der Skulpturen 1898-1919, Worms 2001, S. 44.

17 Cork, Richard: Das Elend des Krieges. Die Kunst der Avantgarde und der Erste Weltkrieg, in: Rother, Rainer (Hg.): Die letzten Tage der Menschheit. Bilder des Ersten Weltkriegs, Ausstellungskatalog, Deutsches Historisches Museum, Berlin 1994, S. 301-396, hier S. 342.

18 Vgl. Schubert, Wilhelm Lehmbruck, S. 36; Hoffmann-Curtius, Kathrin: Das Kriegerdenkmal der Berliner Friedrich-Wilhelms-Universität 1919-1926: Siegexegese der Niederlage, in: Bredekamp, Horst und Werner, Gabriele (Hg.): Jahrbuch für Universitätsgeschichte. Universität und Kunst, Bd. 5 (2002), Stuttgart 2002, S. 87-116.

19 Wollte man dem weiter nachgehen, wären zum Beispiel die politischen Zeichnungen des belgischen Künstlers Frans Masereel, der 1916 als Kriegsgegner in die neutrale Schweiz ging und dort bis 1920 für die pazifistischen Zeitschriften „Les Tablettes" und „La Feuille" und andere Organe arbeitete, von hervorragender Bedeutung.

20 Vgl. Jürgens-Kirchhoff, Annegret: Verbrannte Erde. Kriegslandschaften in der Kunst zum Ersten und Zweiten Weltkrieg, in: Thoß, Bruno und Volkmann, Hans-Erich (Hg.): Erster Weltkrieg – Zweiter Weltkrieg. Ein Vergleich. Krieg, Kriegserlebnis, Kriegser-

fahrung in Deutschland, Paderborn u. a. 2002, S. 783-819.

21   Marc, Franz: Briefe aus dem Feld, neu herausgegeben von Lankheit, Klaus und Steffen, Uwe, München 1982, S. 14.

22   Freud, Sigmund: Fragen der Gesellschaft – Ursprünge der Religion, Studienausgabe Bd. IX, Frankfurt am Main 1974, S. 286.

23   Christopher Richard Wynne Nevinson, Paths of Glory (Wege des Ruhms), 1917, Öl/Lwd, 45,7 x 61 cm, London, Imperial War Museum, in: Rother, Rainer (Hg.): Die letzten Tage der Menschheit. Bilder des Ersten Weltkriegs, Ausstellungskatalog, Deutsches Historisches Museum, Berlin 1994, Abb. S. 353.

24   Adorno, Theodor W.: Negative Dialektik, Frankfurt am Main 1988, S. 364.

25   Vgl. Friedrich, Ernst: Krieg dem Kriege!, Frankfurt am Main 1980 (das Taschenbuch folgt der 1. Ausgabe von 1924).

26   Remarque, Erich Maria: Im Westen nichts Neues, Köln 1984, S. 236.

27   Benjamin, Walter: Erfahrung und Armut (1933), in: ders.: Gesammelte Schriften, Bd. II,1, Hg. Tiedemann, Rolf und Schweppenhäuser, Hermann, Frankfurt am Main 1977, S. 213-219, hier S. 214.

Momme Brodersen, Zum „Klassenbild mit Walter Benjamin – eine Spurensuche"

1   Benjamin, Walter: Gesammelte Schriften, Bd. VI, Hg. Tiedemann, Rolf und Schweppenhäuser, Hermann, Frankfurt am Main 1985, S. 481.

2   Faeke, Alfred: Mein politischer Lebenslauf (1950), S. 1 (Landesarchiv Berlin, Entnazifizierungsstellen Berlin/West, Revisionskommission, Akte A. Faeke).

3   Nerger, Lothar: Aus fünf Frontjahren der 5. Batterie, 1. Garde-Reserve-Fußartl.-Regiment. Mit einer Ehrentafel, Gefechtskalender, 5 Bildnissen und 8 Frontbildern, Hg. Vereinigung der ehemaligen Angehörigen der 5. Batterie, 1. Garde-Reserve-Fußartl.-Regiment, Berlin 1924, S. 20.

4   Lefèvre, Fritz: Lebenslauf (1911), S. 2 (Landesarchiv Berlin, Akten der Kaiser-Friedrich-Schule).

5   Benjamin, Gesammelte Schriften, Bd. VI, S. 481.

6   Kracauer, Siegfried: Werke. Hg. Mülder-Bach, Inka und Belke, Ingrid; Bd. 7, Hg. Mülder-Bach, Inka unter Mitarbeit von Biebl, Sabine, Frankfurt am Main 2004, S. 47 f.

7   Alle Zitate Zernecke, [Alfred]: Kaiser-Friedrich-Schule (Städtisches Gymnasium und Realschule mit gemeinsamem Unterbau) zu Charlottenburg. 13. Bericht über das Schuljahr 1909-1910, Charlottenburg 1910, S. 12-14.

8   Ebd., S. 16.

9   Timpe, [Willy]: Kaiser-Friedrich-Schule (Städtisches Gymnasium und Realschule mit
     gemeinsamem Unterbau) zu Charlottenburg. 18. Bericht über das Schuljahr 1914,
     Charlottenburg 1915, S. 15.

10   Alle Zitate Timpe, Kaiser-Friedrich-Schule, S. 20.

11   [Zernecke, Alfred:] Aus den Briefen eines freiwillig als Oberleutnant eingetretenen
     Berliner Gymnasialdirektors an seine Schüler [I], in: Briefe aus dem Felde 1914/1915.
     Für das deutsche Volk im Auftrage der Zentralstelle zur Sammlung von Feldpostbrie-
     fen im Märkischen Museum zu Berlin, Hg. Pniower, O.[tto], Schuster, G.[eorg], Stern-
     feld, R.[ichard], Dillinger, L. E., von Ostrowski, Elisabeth, Oldenburg i. Gr. 1916
     (Druck und Verlag von Gerhard Stalling), S. 73-78, hier S. 74.

12   Ebd., S. 75.

13   Kriegslied 1914. Worte und Weise von Burkhardt, Max, Frankfurt an der Oder 1914,
     Nr. 1, S. 1 (Volkslieder auf fliegenden Blättern, Hg. Dr. Burkhardt, Max).

14   [Voigt, Hermann (u. a.)]: 43 Jahre Kaiser-Friedrich-Schule, seit dem Jahre 1938
     „Schlüterschule", 1897-1940, [Berlin 1940], S. 2 f.

15   M. M.: Judenzählung, in: Jüdische Rundschau, 21. Jg., Nr. 43, 27.10.1916, S. 1.

16   Benjamin, Walter: Gesammelte Schriften. Unter Mitwirkung von Adorno, Theodor W.
     und Scholem, Gershom, Hg. Tiedemann, Rolf und Schweppenhäuser, Hermann;
     Bd. II, Hg. Tiedemann, Rolf und Schweppenhäuser, Hermann, Frankfurt am Main
     1977, S. 439.

17   Alle Zitate Nerger, Aus fünf Frontjahren, S. 72 f.

18   Rosen-Lindenstrauss, Alisa: The Lindenstrauss Family, in: Justice (Tel Aviv), Jg.
     1999, Nr. 22, S. 25 f.; zitiert S. 25.

19   Fraustädter, Werner: [Antrag auf Wiederzulassung zur Rechtsanwaltschaft und zum
     Notariat, Berlin, 8.4.1933], S. 2 (Bundesarchiv Berlin, Personalakten des Justizminis-
     teriums, Akte W. Fraustädter).

20   Nerger, Aus fünf Frontjahren, S. 74 f.

21   Fraustädter, Werner: Zum „Machtprinzip", in: Der Neue Weg (Berlin), Jg. [1]
     (1924[/1925]), Nr. 1 (Dez. '24), S. 29.

22   Nerger, Aus fünf Frontjahren, S. 74 f.

23   Fraustädter, Zum „Machtprinzip", S. 29.

Guy Stern, Wehen und Nachwehen des Ersten Weltkriegs

1   Siehe: Jüdische Soldaten in deutschen Armeen. Grausame Täuschung, in: Spiegel
     online, 18.1.2008. Die Bundeswehr benannte drei Kasernen nach jüdischen Soldaten
     „in Anerkennung ihrer hervorragenden Leistungen ... z. B. die Oberstabsarzt Julius
     Schoeps Kaserne in Hildesheim".

2   Schubert, Volker: Eindeutiges Zeichen, in: Jüdische Zeitung, März 2008, S. 1.

ANMERKUNGEN **167**

Siehe Stern, Guy: Efraim Frisch: Leben und Werk, in: Frisch, Efraim: Zum Verständnis des Geistigen: Essays. Herausgegeben und eingeleitet von Stern, Guy, Heidelberg 1963, S. 13-38 (Veröffentlichungen der Deutschen Akademie für Sprache und Dichtung, Bd. 31).

4 Hiller, Kurt: An die Partei des deutschen Geistes, in: Der Neue Merkur I² (1914-1915), S. 645-653, Zitat S. 650.

5 Mann, Thomas: Friedrich und die große Koalition, in: Der Neue Merkur I² (1914-1915), S. 353-399. Seltsamerweise erscheint das oben zitierte polemische Zitat nicht in „Friedrich und die große Koalition", sondern in dem vorausgehenden Aufsatz „Gedanken im Kriege". Siehe Mann, Thomas: Gesammelte Werke, Frankfurt am Main, 1966-1974, Bd. XIII, S. 534.

6 Mann, Thomas: Vorwort, in: Altes und Neues, Frankfurt am Main 1953, S. 12. Allerdings ist diese Zurücknahme nicht ohne Ambivalenz: „Ehrlich gestanden: Ich habe auch heute noch etwas übrig für dies kleine historische Machwerk in seiner sonderbaren Mischung aus kritischer Besonnenheit und hitzig patriotischer Allusion. Zeit und Geschichte sind mit verdienter Geringschätzung darüber hinweggegangen, nicht ebenso die literarische Ästhetik."

7 Mann, Thomas: Gesang vom Kindchen. Ein Idyll (Schluss), in: Der Neue Merkur III (Mai 1919), S. 93.

8 Frisch, Efraim: Deutschlands Stellung im Kriege, in: Der Neue Merkur I² (Oktober 1914), S. 1.

9 Frisch, Efraim: Rechenschaft, in: Der Neue Merkur, Vorläufer (März 1919), 1-10, S. 3 und S. 7.

10 Jacques, Norbert: Wir … sie … die Welt, in: Der Neue Merkur I² (1914-1915), S. 437-452.

11 Über die Zusammenarbeit von Frisch und Hausenstein siehe Stern, Guy: War, Weimar and Literature: The Story of the „Neue Merkur", 1914-1925, University Park und London 1971, S. XIX.

12 Oppenheimer, Franz: Der Krieg. Soziologische Betrachtungen, in: Der Neue Merkur I² (Oktober 1914), S. 33 und S. 38 f.

13 Heine, Wolfgang: Reife für den Frieden, in: Der Neue Merkur I² (1915-1916), S. 250.

14 Siehe „Franz Oppenheimer" in Röder, Werner und Strauss, Herbert A.: Biographisches Handbuch der deutschsprachigen Emigration nach 1933, München 1980, II, S. 877, und „Wolfgang Heine", I, S. 281.

15 Ulitz, Arnold: Die Flucht nach Indien, in: Der Neue Merkur II² (1915-1916), S. 655-696, Zitat S. 672.

16 Zweig, Arnold: Der Mann des Friedens, in: Der Neue Merkur II¹ (1915), S. 165.

17 Siehe Wegner, Armin T.: Der Knabe Hussein, in: Der Neue Merkur IV² (1921), S. 669-684.

18 Remarque, Erich Maria: Im Westen nichts Neues, Berlin 1929.

19 Frank, Rudolf: Der Schädel des Negerhäuptlings Makaua. Kriegsroman für die junge Generation, Potsdam 1931.

20 Zech, Paul: Sommernacht, in: Der Neue Merkur I² (1914-1915), S. 578.

21 Becher, Johannes R.: Vernichtung, in: Der Neue Merkur, Sonderheft Dichtung (Nov.-Dez. 1921), S. 354-367.

22 Binding, Rudolf: Schlacht-Abend-Trauer, in: Der Neue Merkur V² (1921-1922), S. 567.

23 Grady, Tim: The German-Jewish Soldiers of the First World War in History and Memory, Liverpool 2011, S. 222.

24 Siehe Stibbe, Mathew [Rezension von Grady, Tim], in: German Studies Review, XXXVI, Nr. 1 (Febr. 2013), S. 202.

25 Grady, The German-Jewish Soldiers, S. 47.

26 Siehe z. B. Coudenhove-Kalergi, Richard Nikolaus: Europas technische Weltmission, in: Der Neue Merkur VI (Oktober 1922), S. 331-344. Auch in diesem Aufsatz geht der Verfasser von der Prämisse aus, dass in den Ländern Europas ein gemeinschaftlicher Geist vorherrscht, ebd. S. 331:
    „Mit der Neuzeit beginnt die große Kulturmission Europas. Das Wesen Europas ist der Wille, die Welt durch Taten zu verändern und zu verbessern. Europa strebt bewußt aus der Gegenwart in die Zukunft; es befindet sich im Zustande ständiger Emanzipation, Reformation, Revolution; es ist neuerungssüchtig, skeptisch, pietätlos und ringt mit seinen Gewohnheiten und Traditionen."

27 Coudenhove-Kalergi, Richard Nikolaus: Pan-Europa, Wien 1923.

28 Lützeler, Paul Michael: Die Schriftsteller und Europa. Von der Romantik bis zur Gegenwart, München 1992, S. 313.

LITERATUR

Adorno, Theodor W.: Negative Dialektik, Frankfurt am Main 1988.

„An die deutschen Juden!", 1. August 1914, in: Im Deutschen Reich, 20. Jg., Nr. 9 (September 1914), S. 339 (Aufruf des „Centralvereins deutscher Staatsbürger jüdischen Glaubens").

Angress, Werner T.: Das deutsche Militär und die Juden im Ersten Weltkrieg, in: Militärgeschichtliche Mitteilungen 19,1 (1976), S. 77-146.

Angress, Werner T.: The German Army's „Judenzählung" of 1916. Genesis – Consequences – Significance, in: Leo Baeck Institute Year Book 23 (1978), S. 117-137.

Arendt, Hannah: Elemente und Ursprünge totaler Herrschaft, München 1955.

Auerbach, Elias: Pionier der Verwirklichung, Stuttgart 1969.

Barth, Boris: Dolchstoßlegende und politische Desintegration. Das Trauma der deutschen Niederlage im Ersten Weltkrieg 1914-1933, Düsseldorf 2003.

Becher, Johannes R.: Vernichtung, in: Der Neue Merkur, Sonderheft Dichtung (Nov.-Dez. 1921), S. 354-367.

Beckmann, Max: Briefe im Kriege 1914/1915, München 1984 (1. Auflage Berlin 1916).

Benjamin, Walter: Gesammelte Schriften. Unter Mitwirkung von Adorno, Theodor W. und Scholem, Gershom, Hg. Tiedemann, Rolf und Schweppenhäuser, Hermann; Bd. II, Hg. Tiedemann, Rolf und Schweppenhäuser, Hermann, Frankfurt am Main 1977.

Benjamin, Walter: Erfahrung und Armut (1933), in: ders.: Gesammelte Schriften, Bd. II,1, Hg. Tiedemann, Rolf und Schweppenhäuser, Hermann, Frankfurt am Main 1977, S. 213-219.

Benjamin, Walter: Gesammelte Schriften, Bd. VI, Hg. Tiedemann, Rolf und Schweppenhäuser, Hermann, Frankfurt am Main 1985.

Berding, Helmut: Moderner Antisemitismus in Deutschland, Stuttgart und Frankfurt am Main 1988.

Berger, Michael: Eisernes Kreuz und Davidstern. Die Geschichte Jüdischer Soldaten in Deutschen Armeen, Berlin 2006.

Berliner Lokal-Anzeiger, 10.8.1914.

Binding, Rudolf: Schlacht-Abend-Trauer, in: Der Neue Merkur V² (1921-1922), S. 567.

Blumenfeld, Kurt: Erlebte Judenfrage. Ein Vierteljahrhundert deutscher Zionismus, Stuttgart 1962.

Böhler, Jochen: Auftakt zum Vernichtungskrieg. Die Wehrmacht in Polen 1939, Frankfurt am Main 2006.

Briefe aus dem Felde 1914/1915. Für das deutsche Volk im Auftrage der Zentralstelle zur Sammlung von Feldpostbriefen im Märkischen Museum zu Berlin, Hg. Pniower, O.[tto], Schuster, G.[eorg], Sternfeld, R.[ichard], Dillinger, L. E., von Ostrowski, Elisabeth, Oldenburg i. Gr. 1916 (Druck und Verlag von Gerhard Stalling).

Brodersen, Momme: Klassenbild mit Walter Benjamin – Eine Spurensuche, München 2012.

Cichowski, Sabine und Holzer, Hans: Paul Klees Einberufung und militärische Stationen, in: Benz-Zauner, Margareta u. a. (Hg.): Und ich flog. Paul Klee in Schleißheim, Ausstellungskatalog, Deutsches Museum, München 1997, S. 32-37.

von Clausewitz, Carl: Vom Kriege, Berlin 1880.

Conzelmann, Otto: Der andere Dix. Sein Bild vom Menschen und vom Krieg, Stuttgart 1983.

Cork, Richard: A Bitter Truth – Avant-Garde Art and the Great War. Buch zur Ausstellung, Barbican Art Gallery, London 1994.

Cork, Richard: Das Elend des Krieges. Die Kunst der Avantgarde und der Erste Weltkrieg, in: Rother, Rainer (Hg.): Die letzten Tage der Menschheit. Bilder des Ersten Weltkriegs, Ausstellungskatalog, Deutsches Historisches Museum, Berlin 1994, S. 301-396.

Coudenhove-Kalergi, Richard Nikolaus: Europas technische Weltmission, in: Der Neue Merkur VI (Oktober 1922), S. 331-344.

Coudenhove-Kalergi, Richard Nikolaus: Pan-Europa, Wien 1923.

Der 1. Weltkrieg. Vision und Wirklichkeit, Katalog, Galerie Michael Papst, München 1982.

Deutsche Juden! (Aufruf der „Zionistischen Vereinigung für Deutschland"), in: Jüdische Rundschau, 19. Jg., Nr. 32, 7.8.1914.

Dokumente Arnold (Aron) Tänzer, in: Hank, Sabine, Simon, Hermann, Hank, Uwe: Feldrabbiner in den deutschen Streitkräften des Ersten Weltkrieges, Berlin 2013, S. 426-438.

Dowe, Christopher: Matthias Erzberger und sein Verhältnis zu Juden und Antisemitismus, in: Haus der Geschichte Baden-Württemberg (Hg.): Matthias Erzberger. Ein Demokrat in Zeiten des Hasses, Karlsruhe 2013, S. 72-102 (Stuttgarter Symposion, Bd. 15).

Fine, David J.: Jewish Integration in the German Army in the First World War, Berlin 2012.

Förster, Stig: Der deutsche Generalstab und die Illusion des kurzen Krieges, 1871-1914, in: Burkhardt, Johannes u. a. (Hg.): Lange und kurze Wege in den Ersten Weltkrieg. Vier Augsburger Beiträge zur Kriegsursachenforschung, München 1996, S. 115-158.

Frank, Ludwig: Reden, Aufsätze und Briefe, ausgewählt und eingeleitet von Wachenheim, Hedwig, Berlin 1924.

Frank, Rudolf: Der Schädel des Negerhäuptlings Makaua. Kriegsroman für die junge
Generation, Potsdam 1931.

Fraustädter, Werner: Zum „Machtprinzip", in: Der Neue Weg (Berlin), Jg. [1]
(1924[/1925]), Nr. 1 (Dez. '24), S. 29.

Freud, Sigmund: Fragen der Gesellschaft – Ursprünge der Religion, Studienausgabe
Bd. IX, Frankfurt am Main 1974.

Frevert, Ute: Die kasernierte Nation. Militärdienst und Zivilgesellschaft in Deutschland,
München 2001.

Friedrich, Ernst: Krieg dem Kriege!, Frankfurt am Main 1980 (das Taschenbuch folgt der
1. Ausgabe von 1924).

Friedrich, Ernst: Krieg dem Kriege (Nachdruck mit einem Vorwort von Krumeich, Gerd),
München 2004.

Frisch, Efraim: Deutschlands Stellung im Kriege, in: Der Neue Merkur I[2] (Oktober 1914),
S. 1.

Frisch, Efraim: Rechenschaft, in: Der Neue Merkur, Vorläufer (März 1919), 1-10, S. 3 und
S. 7.

Frisch, Efraim: Zum Verständnis des Geistigen: Essays. Herausgegeben und eingeleitet
von Stern, Guy, Heidelberg 1963 (Veröffentlichungen der Deutschen Akademie für
Sprache und Dichtung, Bd. 31).

Ginzel, Günther B.: Jüdischer Alltag in Deutschland 1933-1945, Düsseldorf 1984.

Grady, Tim: The German-Jewish Soldiers of the First World War in History and Memory,
Liverpool 2011.

Hank, Sabine, Simon, Hermann, Hank, Uwe: Feldrabbiner in den deutschen Streitkräften
des Ersten Weltkrieges, Berlin 2013.

Heine, Wolfgang: Reife für den Frieden, in: Der Neue Merkur I[2] (1915-1916), S. 250.

Heuss, Theodor: Nachruf auf Ludwig Frank, in: Die Hilfe. Wochenschrift für Politik,
Literatur und Kunst, 20. Jg., 17.9.1914.

Heuss, Theodor: An und über Juden. Aus Schriften und Reden, zusammengestellt und
herausgegeben von Lamm, Hans, Düsseldorf 1964 (S. 44: Nachruf auf Ludwig
Frank).

Hildebrandt, Paul (Hg.): Vorm Feind. Kriegserlebnisse deutscher Oberlehrer, Leipzig 1916.

Hiller, Kurt: An die Partei des deutschen Geistes, in: Der Neue Merkur I[2] (1914-1915),
S. 645-653.

Hirschfeld, Gerhard, Krumeich, Gerd, Renz, Irina (Hg.): Keiner fühlt sich hier mehr
als Mensch ... Erlebnis und Wirkung des Ersten Weltkriegs, Essen 1993.

Hirschfeld, Gerhard: Nazi Germany and Eastern Europe, in: Mühle, Eduard (Hg.):
Germany and the European East in the Twentieth Century, Oxford, New York 2003,
S. 67-90.

Hirschfeld, Gerhard, Krumeich, Gerd, Renz, Irina (Hg.): Die Deutschen an der Somme
1914-1918. Krieg, Besatzung, Verbrannte Erde, Essen 2006, niederl. Ausgabe 2008,
engl. Ausgabe 2009.

Hirschfeld, Gerhard, Krumeich, Gerd, Renz, Irina (Hg.): Enzyklopädie Erster Weltkrieg,
Paderborn u. a. 2009, 3. Auflage.

Hirschfeld, Gerhard: Der Führer spricht vom Krieg. Der Erste Weltkrieg in den Reden
Adolf Hitlers, in: Krumeich, Gerd (Hg.): Nationalsozialismus und Erster Weltkrieg,
Essen 2010, S. 35-52.

Hirschfeld, Gerhard und Krumeich, Gerd: Deutschland im Ersten Weltkrieg, Frankfurt
am Main 2013.

Hobohm, Martin: Vergrabene Schätze, in: C.V.-Zeitung, 3. Jg., Nr. 23, 10.7.1924, S. 419.

Hobsbawm, Eric: Das Zeitalter der Extreme. Weltgeschichte des 20. Jahrhunderts,
München, Wien 1995.

Hoffmann, Christhard: Between Integration and Rejection: the Jewish Community in
Germany, in: Horne, John (Hg.): State, Society and Mobilization in Europe during the
First World War, Cambridge 1997, S. 89-104.

Hoffmann-Curtius, Kathrin: Das Kriegerdenkmal der Berliner Friedrich-Wilhelms-Universität 1919-1926: Siegexegese der Niederlage, in: Bredekamp, Horst und Werner,
Gabriele (Hg.): Jahrbuch für Universitätsgeschichte. Universität und Kunst, Bd. 5
(2002), Stuttgart 2002, S. 87-116.

Holsten, Siegmar: Allegorische Darstellungen des Krieges, München 1976.

Horne, John und Kramer, Alan: Deutsche Kriegsgräuel 1914. Die umstrittene Wahrheit,
Hamburg 2004.

Hüppauf, Bernd: Schlachtenmythen und die Konstruktion des ‚Neuen Menschen‘, in:
Hirschfeld, Gerhard, Krumeich, Gerd, Renz, Irina (Hg.): Keiner fühlt sich hier mehr
als Mensch ... Erlebnis und Wirkung des Ersten Weltkriegs, Neuausgabe, Frankfurt am
Main 1996, S. 53-103.

Jacques, Norbert: Wir ... sie ... die Welt, in: Der Neue Merkur I^2 (1914-1915), S. 437-452.

Jahr, Christoph (Hg.): Feindbilder in der deutschen Geschichte. Studien zur Vorurteilsgeschichte im 19. und 20. Jahrhundert, Berlin 1994 (zusammen mit Mai, Uwe und
Roller, Kathrin).

Jahr, Christoph: Gewöhnliche Soldaten. Desertion und Deserteure im deutschen und
britischen Heer 1914-1918, Göttingen 1998.

Jahr, Christoph: Sündenböcke der Niederlage. Warum der deutsche Antisemitismus im
Ersten Weltkrieg immer radikaler wurde, in: Burgdorff, Stephan und Wiegrefe, Klaus
(Hg.): Der 1. Weltkrieg. Die Ur-Katastrophe des 20. Jahrhunderts, München, Hamburg
2004, S. 185-189.

Jahr, Christoph (Hg.): Die Berliner Universität in der NS-Zeit, 2 Bde., Stuttgart 2005
(zusammen mit vom Bruch, Rüdiger).

Jahr, Christoph: Antisemitismus vor Gericht. Debatten über die juristische Ahndung judenfeindlicher Agitation in Deutschland (1879-1960), Frankfurt am Main 2011.

Jahr, Christoph (Hg.): Lager vor Auschwitz. Gewalt und Integration im 20. Jahrhundert, Berlin 2013 (zusammen mit Thiel, Jens).

Jochmann, Werner: Die Ausbreitung des Antisemitismus in Deutschland 1914-1923, in: ders.: Gesellschaftskrise und Judenfeindschaft in Deutschland 1870-1945, Hamburg 1991, 2. Auflage, S. 99-170 (Hamburger Beiträge zur Sozial- und Zeitgeschichte, Bd. 23).

Jüdische Soldaten in deutschen Armeen. Grausame Täuschung, in: Spiegel online, 18.1.2008.

Jünger, Ernst: In Stahlgewittern. Sämtliche Werke, Bd. 1: Der Erste Weltkrieg, Stuttgart 1978.

Jürgens-Kirchhoff, Annegret: Verbrannte Erde. Kriegslandschaften in der Kunst zum Ersten und Zweiten Weltkrieg, in: Thoß, Bruno und Volkmann, Hans-Erich (Hg.): Erster Weltkrieg – Zweiter Weltkrieg. Ein Vergleich. Krieg, Kriegserlebnis, Kriegserfahrung in Deutschland, Paderborn u. a. 2002, S. 783-819.

Jürgens-Kirchhoff, Annegret: Niedergeschlagene Soldaten – Die 'Helden' des Ersten Weltkriegs in der bildenden Kunst, in: Cahl, Horst, Kortüm, Hans-Henning, Langewiesche, Dieter, Lenger, Friedrich (Hg.): Kriegsniederlagen. Erfahrungen und Erinnerungen, Berlin 2004, S. 427-445.

Jürgens-Kirchhoff, Annegret (Hg.): Warshots. Krieg, Kunst & Medien (zusammen mit Matthias, Agnes), Kromsdorf/Weimar 2006.

Jürgens-Kirchhoff, Annegret: „Artists against Nuclear War" (1958-1962). A Touring Exhibition at the Time of the Cold War, in: Ziemann, Benjamin (Hg.): Peace Movements in Western Europe, Japan and the USA during the Cold War, Essen 2007, S. 209-234 (Frieden und Krieg. Beiträge zur Historischen Friedensforschung, Bd. 8).

Jürgens-Kirchhoff, Annegret: Am Ende einer Epoche. Apokalyptische Fantasien in der Kunst vor dem Ersten Weltkrieg, in: Heckmann, Stefanie und Ottomeyer, Hans (Hg.): Kassandra. Visionen des Unheils 1914-1945, Ausstellungskatalog, Deutsches Historisches Museum, Berlin 2008/09, Dresden 2008, S. 33-41.

Kaplan, Marion: Konsolidierung eines bürgerlichen Lebens im kaiserlichen Deutschland 1871-1918, in: dies. (Hg.): Geschichte des jüdischen Alltags in Deutschland. Vom 17. Jahrhundert bis 1945, München 2003, S. 225-344.

Kennan, George F.: The Decline of Bismarck's European Order – Franco-Russian relations, 1875-1890s European Order, Princeton 1979.

Kershaw, Ian: Hitler, 1889-1936, Stuttgart 1998.

Kracauer, Siegfried: Werke. Hg. Mülder-Bach, Inka und Belke, Ingrid; Bd. 7, Hg. Mülder-Bach, Inka unter Mitarbeit von Biebl, Sabine, Frankfurt am Main 2004.

Kramer, Alan: First World War and German Memory, in: Jones, Heather u. a. (Hg.): Untold War. New Perspectives in First World War Studies, Leiden, Boston 2008, S. 385-415.

Kriegsbriefe gefallener deutscher Juden, mit einem Geleitwort von Strauß, Franz Josef, Tübingen 1961.

Kriegslied 1914. Worte und Weise von Burkhardt, Max, Frankfurt an der Oder 1914, Nr. 1, S. 1 (Volkslieder auf fliegenden Blättern, Hg. Dr. Burkhardt, Max).

Leicht, Johannes: Heinrich Claß 1868-1953. Die politische Biographie eines Alldeutschen, Paderborn 2012.

Lewin, Reinhold: Der Krieg als jüdisches Erlebnis, in: Monatsschrift für Geschichte und Wissenschaft des Judentums, 63. Jg., Neue Folge 27. Jg. (Juli/Dezember 1919).

Liulevicius, Vejas Gabriel: The German Myth of the East. 1800 to the Present, Oxford 2009.

Loewe, Henrich: Feinde ringsum!, in: Jüdische Rundschau, 19. Jg., Nr. 32, 7.8.1914.

Lützeler, Paul Michael: Die Schriftsteller und Europa. Von der Romantik bis zur Gegenwart, München 1992.

Mann, Thomas: Friedrich und die große Koalition, in: Der Neue Merkur I² (1914-1915), S. 353-399.

Mann, Thomas: Gesang vom Kindchen. Ein Idyll (Schluss), in: Der Neue Merkur III (Mai 1919), S. 93.

Mann, Thomas: Vorwort, in: Altes und Neues, Frankfurt am Main 1953, S. 12.

Mann, Thomas: Gesammelte Werke, Frankfurt am Main 1966-1974, Bd. II und Bd. XIII.

Marc, Franz: Briefe aus dem Feld, neu herausgegeben von Lankheit, Klaus und Steffen, Uwe, München 1982.

Marx, Hugo: Werdegang eines jüdischen Staatsanwalts und Richters in Baden (1862-1933). Ein soziologisch-politisches Zeitbild, Villingen 1965.

Marx, Julius: Kriegstagebuch eines Juden, Zürich 1939 und Frankfurt am Main 1964.

Matthäus, Jürgen: Das Verhältnis zwischen dem „Centralverein deutscher Staatsbürger jüdischen Glaubens" (CV) und der „Zionistischen Vereinigung für Deutschland" (ZVfD) im Ersten Weltkrieg, unveröff. Magisterarbeit, Ruhr-Universität Bochum 1986.

Matthias, Agnes: Die Kunst, den Krieg zu fotografieren. Krieg in der künstlerischen Fotografie der Gegenwart, Marburg 2005.

Mendes-Flohr, Paul: Im Schatten des Krieges, Deutsch-jüdische Geschichte in der Neuzeit, Bd. 4: Aufbruch und Zerstörung, 1918-1945, München 1997.

Michalka, Wolfgang: Zwischen Patriotismus und Judenzählung: Juden und Militär während des Ersten Weltkrieges, in: ders. und Voigt, Martin (Hg.): Judenemanzipation und Antisemitismus in Deutschland im 19. und 20. Jahrhundert. Ein Tagungsband, Eggingen 2003, S. 105-115.

Mitteilungen des Vereins zur Abwehr des Antisemitismus, Nr. 10/11, 12.6.1918.

M. M.: Judenzählung, in: Jüdische Rundschau, 21. Jg., Nr. 43, 27.10.1916, S. 1.

Mommsen, Wolfgang J. (Hg.): Kultur und Krieg: Die Rolle der Intellektuellen, Künstler und Schriftsteller im Ersten Weltkrieg, München 1996.

Mosse, George L.: Gefallen für das Vaterland. Nationales Heldentum und namenloses Sterben, Stuttgart 1993.

Nerger, Lothar: Aus fünf Frontjahren der 5. Batterie, 1. Garde-Reserve-Fußartl.-Regiment. Mit einer Ehrentafel, Gefechtskalender, 5 Bildnissen und 8 Frontbildern, Hg. Vereinigung der ehemaligen Angehörigen der 5. Batterie, 1. Garde-Reserve-Fußartl.-Regiment, Berlin 1924.

Norddeutsche Allgemeine Zeitung, 11.8.1914.

Oppenheimer, Franz: Der Krieg. Soziologische Betrachtungen, in: Der Neue Merkur I[2] (Oktober 1914), S. 33 und S. 38 f.

Oppenheimer, Franz: Antisemitismus, in: Neue Jüdische Monatshefte, 2. Jg., Heft 1, 10.10.1917.

Oppenheimer, Franz: Die Judenstatistik des Preußischen Kriegsministeriums, München 1922.

Picht, Clemens: Zwischen Vaterland und Volk. Das deutsche Judentum im Ersten Weltkrieg, in: Michalka, Wolfgang (Hg.): Der Erste Weltkrieg. Wirkung, Wahrnehmung, Analyse, München, Zürich 1994, S. 736-755.

Pniower, O.[tto], Schuster, G.[eorg], Sternfeld, R.[ichard], Dillinger, L. E., von Ostrowski, Elisabeth (Hg.): Briefe aus dem Felde 1914/1915. Für das deutsche Volk im Auftrage der Zentralstelle zur Sammlung von Feldpostbriefen im Märkischen Museum zu Berlin, Oldenburg i. Gr. 1916 (Druck und Verlag von Gerhard Stalling).

Pulzer, Peter: Der Erste Weltkrieg, in: Deutsch-jüdische Geschichte in der Neuzeit, herausgegeben im Auftrag des Leo Baeck Instituts von Meyer, Michael A. unter Mitwirkung von Brenner, Michael, Bd. 3: Umstrittene Integration 1871-1918, München 1997, S. 356-380.

Remarque, Erich Maria: Im Westen nichts Neues, Berlin 1929 und Köln 1984.

Richarz, Monika: Schluß, in: Deutsch-jüdische Geschichte in der Neuzeit, herausgegeben im Auftrag des Leo Baeck Instituts von Meyer, Michael A. unter Mitwirkung von Brenner, Michael, Bd. 3: Umstrittene Integration 1871-1918, München 1997, S. 381-384.

Röder, Werner und Strauss, Herbert A.: Biographisches Handbuch der deutschsprachigen Emigration nach 1933, München 1980, s. v. Franz Oppenheimer, II, S. 877 und s. v. Wolfgang Heine, I, S. 281.

Rosen-Lindenstrauss, Alisa: The Lindenstrauss Family, in: Justice (Tel Aviv), Jg. 1999, Nr. 22, S. 25 f.

Rosenthal, Berthold: Heimatgeschichte der badischen Juden – seit ihrem Auftreten bis zur Gegenwart, Bühl/Baden 1927.

Rosenthal, Jacob: „Die Ehre des jüdischen Soldaten". Die Judenzählung im Ersten Weltkrieg und ihre Folgen, Frankfurt am Main 2007.

Rother, Rainer (Hg.): Die letzten Tage der Menschheit. Bilder des Ersten Weltkriegs, Ausstellungskatalog, Deutsches Historisches Museum, Berlin 1994.

Rueß, Susanne und Stölzle, Astrid (Hg.): Das Tagebuch der jüdischen Kriegskrankenschwester Rosa Bendit, 1914 bis 1917, Stuttgart 2012.

Rürup, Reinhard: Emanzipation. Anmerkungen zur Begriffsgeschichte, in: ders.: Emanzipation und Antisemitismus. Studien zur „Judenfrage" der bürgerlichen Gesellschaft, Frankfurt am Main 1987, S. 159-166.

Rürup, Reinhard: Jüdische Geschichte in Deutschland. Von der Emanzipation bis zur nationalsozialistischen Vernichtung, in: Blasius, Dirk und Diner, Dan (Hg.): Zerbrochene Geschichte. Leben und Selbstverständnis der Juden in Deutschland, Frankfurt am Main 1991, S. 79-101.

Salzberger, Georg: Aus meinem Kriegstagebuch, Frankfurt am Main 1916.

Sauer, Paul und Hosseinzadeh, Sonja: Jüdisches Leben im Wandel der Zeit, Gerlingen 2002.

Schäll, Ernst: Deutsche Soldaten jüdischen Glaubens aus einer württembergischen Kleinstadt, in: Schwäbische Heimat, 49. Jg., 1998/4, S. 433-441.

Scheffler, Karl, in: Kunst und Künstler, XIII. Jg., 1914/15.

Schmidt, Diether: Otto Dix im Selbstbildnis, Berlin (Ost) 1981.

Schmidt, Ernst-Heinrich: Zürndorfer-Waldmann. Das Schicksal deutscher Frontkämpfer jüdischer Abstammung und jüdischen Glaubens und ihrer Familien 1914-1945, in: Militärgeschichtliches Forschungsamt Potsdam (Hg.): Deutsche Jüdische Soldaten von der Epoche der Emanzipation bis zum Zeitalter der Weltkriege, Hamburg, Berlin, Bonn 1996, S.177-180.

Schrecknisse des Krieges. Druckgraphische Bildfolgen des Krieges aus fünf Jahrhunderten, Ausstellungskatalog Elmar Bauer, Wilhelm-Hack-Museum, Ludwigshafen am Rhein 1983.

Schubert, Dietrich: Wilhelm Lehmbruck. Catalogue raisonné der Skulpturen 1898-1919, Worms 2001.

Schubert, Volker: Eindeutiges Zeichen, in: Jüdische Zeitung, März 2008, S. 1.

Schumann, Dirk: Politische Gewalt in der Weimarer Republik. Kampf um die Straße und Furcht vor dem Bürgerkrieg, Essen 2001.

Sieg, Ulrich: Jüdische Intellektuelle im Ersten Weltkrieg. Kriegserfahrungen, weltanschauliche Debatten und kulturelle Neuentwürfe, Berlin 2001.

Slevogt, Max: Ein Kriegstagebuch, Berlin 1917.

Steinlen, Théophile-Alexandre, Ausstellungskatalog, Städtische Galerie Schloss Oberhausen, Oberhausen 1983/84.

Stern, Guy: Efraim Frisch: Leben und Werk, in: Frisch, Efraim: Zum Verständnis des Geistigen: Essays. Herausgegeben und eingeleitet von Stern, Guy, Heidelberg 1963, S. 13-38 (Veröffentlichungen der Deutschen Akademie für Sprache und Dichtung, Bd. 31).

Stern, Guy: War, Weimar and Literature: The Story of the „Neue Merkur", 1914-1925, University Park und London 1971.

Stern, Guy: Thomas Mann und die jüdische Welt, in: Koopmann, Helmut (Hg.): Thomas Mann Handbuch, Stuttgart 2001, S. 54-67.

Stibbe, Mathew [Rezension von Grady, Tim], in: German Studies Review, XXXVI, Nr. 1 (Febr. 2013), S. 202.

Tänzer, Arnold: Kriegserinnerungen, in: Richarz, Monika (Hg.): Bürger auf Widerruf. Lebenszeugnisse deutscher Juden 1780-1945, München 1989, S. 344-355.

Theilhaber, Felix A.: Jüdische Flieger im Kriege, in: Im Deutschen Reich, 23. Jg., Nr. 10, 10.10.1917.

Timpe, [Willy]: Kaiser-Friedrich-Schule (Städtisches Gymnasium und Realschule mit gemeinsamem Unterbau) zu Charlottenburg. 18. Bericht über das Schuljahr 1914, Charlottenburg 1915.

Ulitz, Arnold: Die Flucht nach Indien, in: Der Neue Merkur II^2 (1915-1916), S. 655-696.

Ullrich, Volker: Fünfzehntes Bild: „Drückeberger". Die Judenzählung im Ersten Weltkrieg, in: Schoeps, Julius H. und Schlör, Joachim (Hg.): Bilder der Judenfeindschaft. Antisemitismus. Vorurteile und Mythen, Augsburg 1999, S. 210-217.

von Ungern-Sternberg, Jürgen und von Ungern-Sternberg, Wolfgang: Der Aufruf „An die Kulturwelt!" Das Manifest der 93 und die Anfänge der Kriegspropaganda im Ersten Weltkrieg. Mit einer Dokumentation, Stuttgart 1996.

Vogel, Rolf: Ein Stück von uns, Mainz 1977.

[Voigt, Hermann (u. a.)]: 43 Jahre Kaiser-Friedrich-Schule, seit dem Jahre 1938 „Schlüterschule", 1897-1940, [Berlin 1940].

Volkov, Shulamit: Walther Rathenau. Ein jüdisches Leben in Deutschland 1867-1922, München 2012.

Weber, Thomas: Hitlers erster Krieg. Der Gefreite Hitler im Weltkrieg – Mythos und Wahrheit, Berlin 2011.

Wegner, Armin T.: Der Knabe Hussein, in: Der Neue Merkur IV^2 (1921), S. 669-684.

Weil, Bruno: Unsere Soldaten und die Judenfrage, in: Im Deutschen Reich, 23. Jg., Nr. 9, 1917, S. 351-359.

von Wiese, Stephan: Max Beckmanns zeichnerisches Werk, 1903-1925, Düsseldorf 1978.

Witkop, Philipp (Hg.): Kriegsbriefe deutscher Studenten, Gotha 1916.

Witkop, Philipp (Hg.): Kriegsbriefe gefallener Studenten, München 1929, 5., erweiterte Auflage.

Woller, Hans: Rom, 28. Oktober 1922. Die faschistische Herausforderung, München 1999.

Württembergischer Landesverband des Centralvereins deutscher Staatsbürger jüdischen Glaubens (Hg.): Jüdische Frontsoldaten aus Württemberg und Hohenzollern, Stuttgart 1926.

Zech, Paul: Sommernacht, in: Der Neue Merkur I² (1914-1915), S. 578.

Zechlin, Egmont: Die deutsche Politik und die Juden im Ersten Weltkrieg, Göttingen 1969.

Zernecke, [Alfred]: Kaiser-Friedrich-Schule (Städtisches Gymnasium und Realschule mit gemeinsamem Unterbau) zu Charlottenburg. 13. Bericht über das Schuljahr 1909-1910, Charlottenburg 1910.

[Zernecke, Alfred:] Aus den Briefen eines freiwillig als Oberleutnant eingetretenen Berliner Gymnasialdirektors an seine Schüler [I], in: Briefe aus dem Felde 1914/1915. Für das deutsche Volk im Auftrage der Zentralstelle zur Sammlung von Feldpostbriefen im Märkischen Museum zu Berlin, Hg. Pniower, O.[tto], Schuster, G.[eorg], Sternfeld, R.[ichard], Dillinger, L. E., von Ostrowski, Elisabeth, Oldenburg i. Gr. 1916 (Druck und Verlag von Gerhard Stalling), S. 73-78.

Ziemann, Benjamin: Front und Heimat. Ländliche Kriegserfahrungen im südlichen Bayern 1914-1923, Essen 1997.

Zweig, Arnold: Der Mann des Friedens, in: Der Neue Merkur II¹ (1915), S. 165.

AUTOREN

Brodersen, Momme: Prof. Dr. Geboren 1951 in Barmstedt/Holstein. Studium der Germanistik, Geschichte, Pädagogik und Soziologie in Hamburg. 1977 bis 2012 Dozent für deutsche Sprache, Literatur und Kulturgeschichte an der Universität Palermo.

Publikationen:
Zahlreiche Bücher und Aufsätze unter anderem über Walter Benjamin, Siegfried Kracauer und Hans Sahl. Mitarbeiter verschiedener italienischer und deutscher Zeitungen wie Zeitschriften.
Neueste Publikation: Klassenbild mit Walter Benjamin – eine Spurensuche, München 2012.

Hecht, Cornelia: Dr. phil., Studium der Geschichte und Politischen Wissenschaften an der Universität Tübingen. Seit 2003 wissenschaftliche Mitarbeiterin am Haus der Geschichte Baden-Württemberg.

Wichtigste Ausstellungsprojekte:
Museum zur Geschichte von Christen und Juden in Laupheim.
Spurensicherung: Jüdisches Leben in Hohenzollern (in der ehemaligen Synagoge Haigerloch).
Mythos Rommel.
Anständig gehandelt: Widerstand und Volksgemeinschaft 1933 bis 1945.

Publikationen:
Diverse Aufsätze zum Antisemitismus, zur jüdischen Geschichte im Südwesten, zur Erinnerungskultur und zum Nationalsozialismus.

Hirschfeld, Gerhard: Prof. Dr. Historiker. Geboren in Plettenberg/Westfalen, Studium in Bochum und Köln, danach DAAD-Lektor an der Universität Dublin. Assistent von Wolfgang J. Mommsen an der Heinrich Heine-Universität Düsseldorf. 1978-1989 Mitarbeiter (Fellow) am Deutschen Historischen Institut in London. 1990-2011 Direktor und Leiter der Bibliothek für Zeitgeschichte (Württembergische Landesbibliothek) sowie seit 1997 Professor am Historischen Institut der Universität Stuttgart. Präsident des International Committee for the History of the Second World War (2000-2010). Mitglied nationaler und internationaler Beiräte und Gremien.

Forschungsfelder:
Sozial- und Kulturgeschichte der beiden Weltkriege sowie Geschichte der Niederlande im 20. Jahrhundert.

Publikationen zum Ersten Weltkrieg, eine Auswahl:
Enzyklopädie Erster Weltkrieg, Paderborn u. a. 2009, 3. Auflage (gemeinsam mit Krumeich, Gerd und Renz, Irina).
Die Deutschen an der Somme 1914-1918. Krieg, Besatzung, Verbrannte Erde, Essen 2006, niederl. Ausgabe 2008, engl. Ausgabe 2009 (gemeinsam mit Krumeich, Gerd und Renz, Irina).
Deutschland im Ersten Weltkrieg, Frankfurt am Main 2013 (gemeinsam mit Krumeich, Gerd).

Jahr, Christoph: Dr. phil. Privatdozent am Institut für Geschichtswissenschaften der Humboldt-Universität zu Berlin. Studium der Geschichte, Politikwissenschaft und Germanistik, Promotion 1997, Habilitation 2006. 1997-2008 Wiss. Assistent am Institut für Geschichtswissenschaften der Humboldt-Universität zu Berlin. 2009-2011 Lehrdozent am Historischen Seminar der Ruprecht-Karls-Universität Heidelberg. 2012-2013 Lehrstuhlvertreter am Institut für Geschichtswissenschaften der Heinrich-Heine-Universität Düsseldorf.

Forschungsschwerpunkte:
Deutsch-britische Geschichte des 19. und 20. Jahrhunderts, Militärgeschichte, Stereotypen- und Antisemitismusforschung, Rechts- und Justizgeschichte, Wissenschaftsgeschichte der NS-Zeit.

Publikationen, eine Auswahl:
Gewöhnliche Soldaten. Desertion und Deserteure im deutschen und britischen Heer 1914-1918, Göttingen 1998.

Antisemitismus vor Gericht. Debatten über die juristische Ahndung judenfeindlicher Agitation in Deutschland (1879-1960), Frankfurt am Main 2011.

Herausgeberschaften:
Feindbilder in der deutschen Geschichte. Studien zur Vorurteilsgeschichte im 19. und 20. Jahrhundert, Berlin 1994 (zusammen mit Mai, Uwe und Roller, Kathrin).
Die Berliner Universität in der NS-Zeit, 2 Bde., Stuttgart 2005 (zusammen mit vom Bruch, Rüdiger).
Lager vor Auschwitz. Gewalt und Integration im 20. Jahrhundert, Berlin 2013 (zusammen mit Thiel, Jens).

Jürgens-Kirchhoff, Annegret: Prof. Dr. Geboren 1941 in Bremen. Studium der Kunstgeschichte, Germanistik, Theaterwissenschaft und Erziehungswissenschaft in Köln, München, Marburg und Münster/Westf. 1967 Magisterprüfung. 1969-1971 Lektorin und Fachredakteurin im Bertelsmann Kunstverlag, Gütersloh. 1976 Promotion in Marburg mit dem Thema „Technik und Tendenz der Montage in der bildenden Kunst des 20. Jahrhunderts". 1976-1985 Wissenschaftliche Assistentin und Hochschulassistentin an der Universität Münster/Westf. Gastprofessuren in Osnabrück, Trier und Bremen. Habilitation 1991 mit einer Arbeit über „Schreckensbilder. Krieg und Kunst im 20. Jahrhundert". 1994-2005 Professorin für Kunstgeschichte (Schwerpunkt Moderne) am Institut für Kunstgeschichte, Universität Tübingen. Im Ruhestand seit 2005, seit 2006 in Berlin.

Publikationen, eine Auswahl:
Verbrannte Erde. Kriegslandschaften in der Kunst zum Ersten und Zweiten Weltkrieg, in: Thoß, Bruno und Volkmann, Hans-Erich (Hg.): Erster Weltkrieg – Zweiter Weltkrieg. Ein Vergleich. Krieg, Kriegserlebnis, Kriegserfahrung in Deutschland, Paderborn u. a. 2002, S. 783-819.
Warshots. Krieg, Kunst & Medien. Hg. zusammen mit Matthias, Agnes, Kromsdorf/Weimar 2006.
„Artists against Nuclear War" (1958-1962). A Touring Exhibition at the Time of the Cold War, in: Ziemann, Benjamin (Hg.): Peace Movements in Western Europe, Japan and the USA during the Cold War, Essen 2007, S. 209-234 (Frieden und Krieg. Beiträge zur Historischen Friedensforschung, Bd. 8).
Am Ende einer Epoche. Apokalyptische Fantasien in der Kunst vor dem Ersten Weltkrieg, in: Heckmann, Stefanie und Ottomeyer, Hans (Hg.): Kassandra. Visionen des Unheils 1914-1945, Ausstellungskatalog, Deutsches Historisches Museum, Berlin 2008/09, Dresden 2008, S. 33-41.

Stern, Guy: Prof. Dr. Dr. h. c. Geboren 1922 in Hildesheim. 1937 Emigration in die USA. Studium der Romanistik und Germanistik an der St. Louis University, am Hofstra College, Hempstead, New York und an der Columbia University, New York; 1953 Promotion. Lehraufträge an den Universitäten Columbia, Denison, Cincinnati, Maryland. In Cincinnati auch Universitätsdekan. Seit 1978 Distinguished Professor for German Studies, Wayne State University, Detroit. 1972-1974 Präsident der American Association of Teachers of German. Gastprofessuren an den Universitäten Freiburg, Frankfurt am Main, Leipzig, Potsdam und München. Direktor des International Institute of the Righteous, Holocaust Memorial Center in Farmington Hills, Michigan (www.holocaustcenter.org).

Zahlreiche Auszeichnungen und Ehrungen, unter anderem Goethe Medaille, Großes Bundesverdienstkreuz und Ehrenbürgerwürde der Stadt Hildesheim.

Hauptarbeitsgebiete:

Exilliteratur, Bertolt Brecht, Kurt Weill, Aufklärung. Zahlreiche Publikationen zur deutschen Exilliteratur und zur Komparatistik.

Publikationen, eine Auswahl:

Frisch, Efraim: Zum Verständnis des Geistigen: Essays. Herausgegeben und eingeleitet von Stern, Guy, Heidelberg 1963 (Veröffentlichungen der Deutschen Akademie für Sprache und Dichtung, Bd. 31).

War, Weimar, and Literature: The Story of the „Neue Merkur", University Park 1971.

Alfred Neumann, eine Auswahl aus seinem Werk, herausgegeben und kommentiert von Stern, Guy, Wiesbaden 1979.

Literatur im Exil: Gesammelte Aufsätze 1959-1989, Ismaning bei München 1989.

Nazi Book Burning and the American Response, Wayne State University Press 1991.

Literarische Kultur im Exil, Dresden 1998.

Kurt Weill. Auf dem Weg zum „Weg der Verheißung", herausgegeben und eingeleitet von Loos, Helmut und Stern, Guy, Freiburg 2000.

Thomas Mann und die jüdische Welt, in: Koopmann, Helmut (Hg.): Thomas Mann Handbuch, Stuttgart 2001, S. 54-67.

Fielding, Wieland, Goethe, and the Rise of the Novel, Frankfurt am Main 2003.

Arno Reinfrank – Dichter aus der Pfalz im Exil – Autor der „Poesie der Fakten". Mit einem Vorwort von Koch, Jeanette. Herausgegeben von Koch, Jeanette unter Mitarbeit von Hamburger, Maik, Berlin 2009 (Jüdische Miniaturen).

Jüdische Feiertage, der Messiasglauben und ihre Gestaltung in Literatur, Film und Musik, in: Haus der Geschichte Baden-Württemberg (Hg.): Jüdische Feste – gelebter Glaube, Heidelberg 2012 (Laupheimer Gespräche 2010), S. 95-109.

Bisweilen kommt der Knabe mich besuchen, der einst nach meinem Namen hieß, in: Haus der Geschichte Baden-Württemberg (Hg.): Jüdische Kindheit und Jugend, Heidelberg 2012 (Laupheimer Gespräche 2011), S. 87-103.

Älterwerden und Alter in der jüdischen Literatur und in Holocaust-Berichten, in: Haus der Geschichte Baden-Württemberg (Hg.): „Ich glaube an das Alter, lieber Freund" – Vom Älterwerden und Alter (nicht nur) im Judentum, Heidelberg 2013 (Laupheimer Gespräche 2012), S. 95-114.

ORTSREGISTER

PERSONENREGISTER

BILDNACHWEIS

Cornelia Hecht, „... jetzt ist für mich der einzig mögliche Platz in der Linie in Reih und Glied" (Ludwig Frank) – Kriegserfahrungen jüdischer Württemberger und Badener

S. 70 und S. 75: Museum zur Geschichte von Christen und Juden, Laupheim
S. 82: Privatbesitz Plochingen

**Annegret Jürgens-Kirchhoff, Niedergeschlagene Soldaten –
Die ‚Helden' des Ersten Weltkriegs in der bildenden Kunst**

S. 91, Abb. 1: von Wiese, Stephan: Max Beckmanns zeichnerisches Werk, 1903-1925, Düsseldorf 1978, S. 92, Abb. 70, © VG Bild-Kunst, Bonn 2013
S. 92, Abb. 2: Rother, Rainer (Hg.): Die letzten Tage der Menschheit. Bilder des Ersten Weltkriegs, Ausstellungskatalog, Deutsches Historisches Museum, Berlin 1994, S. 393, © VG Bild-Kunst, Bonn 2013
S. 95, Abb. 3: Cork, Richard: A Bitter Truth – Avant-Garde Art and the Great War. Buch zur Ausstellung, Barbican Art Gallery, London 1994, S. 109, Abb. 138
S. 96, Abb. 4: Rother, Rainer (Hg.): Die letzten Tage der Menschheit. Bilder des Ersten Weltkriegs, Ausstellungskatalog, Deutsches Historisches Museum, Berlin 1994, S. 342
S. 98, Abb. 5: Rother, Rainer (Hg.): Die letzten Tage der Menschheit. Bilder des Ersten Weltkriegs, Ausstellungskatalog, Deutsches Historisches Museum, Berlin 1994, S. 375, © Galerie Remmert und Barth, Düsseldorf
S. 101, Abb. 6: Schrecknisse des Krieges. Druckgraphische Bildfolgen des Krieges aus fünf Jahrhunderten, Ausstellungskatalog Elmar Bauer, Wilhelm-Hack-Museum, Ludwigshafen am Rhein 1983, S. 124, © VG Bild-Kunst, Bonn 2013
S. 102, Abb. 7: Schrecknisse des Krieges. Druckgraphische Bildfolgen des Krieges aus fünf Jahrhunderten, Ausstellungskatalog Elmar Bauer, Wilhelm-Hack-Museum, Ludwigshafen am Rhein 1983, S. 123, © VG Bild-Kunst, Bonn 2013
S. 105, Abb. 8: Schrecknisse des Krieges. Druckgraphische Bildfolgen des Krieges aus fünf Jahrhunderten, Ausstellungskatalog Elmar Bauer, Wilhelm-Hack-Museum, Ludwigshafen am Rhein 1983, S. 137, © VG Bild-Kunst, Bonn 2013
S. 106, Abb. 9: Der 1. Weltkrieg. Vision und Wirklichkeit, Katalog, Galerie Michael Papst, München 1982, S. 62, © Nachlass Erich Heckel/Erich Heckel Stiftung, Hemmenhofen
S. 107, Abb. 10: Der 1. Weltkrieg. Vision und Wirklichkeit. Katalog, Galerie Michael

Papst, München 1982, S. 88, © Estate of George Grosz, Princeton, N. J./VG Bild-Kunst, Bonn 2013

S. 109, Abb. 11: Schrecknisse des Krieges. Druckgraphische Bildfolgen des Krieges aus fünf Jahrhunderten, Ausstellungskatalog Elmar Bauer, Wilhelm-Hack-Museum, Ludwigshafen am Rhein 1983, S. 140, © VG Bild-Kunst, Bonn 2013

S. 110, Abb. 12: Schrecknisse des Krieges. Druckgraphische Bildfolgen des Krieges aus fünf Jahrhunderten, Ausstellungskatalog Elmar Bauer, Wilhelm-Hack-Museum, Ludwigshafen am Rhein 1983, S. 97, © VG Bild-Kunst, Bonn 2013

Momme Brodersen, Zum „Klassenbild mit Walter Benjamin – eine Spurensuche"

S. 114: © akg-images / Imagno; Design Rothfos & Gabler, Hamburg; The National Library of Israel / ARC 4 1598 / Walter Benjamin Archive: Courtesy of the Department of Archives, The National Library of Israel, Jerusalem

S. 116: © The National Library of Israel / ARC 4 1958 / Walter Benjamin Archive: Courtesy of the Department of Archives, The National Library of Israel, Jerusalem

S. 117: © Fotograf J. LL. Banús/age fotostock/Prisma

S. 118: Berliner Lokal-Anzeiger, 10.8.1914

S. 119: Norddeutsche Allgemeine Zeitung, 11.8.1914

S. 123: Briefe aus dem Felde 1914/1915. Für das deutsche Volk im Auftrage der Zentralstelle zur Sammlung von Feldpostbriefen im Märkischen Museum zu Berlin, Hg. Pniower, O.[tto], Schuster, G.[eorg], Sternfeld, R.[ichard], Dillinger, L. E., von Ostrowski, Elisabeth, Oldenburg i. Gr. 1916 (Druck und Verlag von Gerhard Stalling)

S. 124 und S. 125: Kriegslied 1914. Worte und Weise von Burkhardt, Max, Frankfurt an der Oder 1914, Nr. 1, S. 1 (Volkslieder auf fliegenden Blättern, Hg. Dr. Burkhardt, Max)

S. 127: Witkop, Philipp (Hg.): Kriegsbriefe gefallener Studenten, München 1929, 5., erweiterte Auflage

S. 128: Hildebrandt, Paul (Hg.): Vorm Feind. Kriegserlebnisse deutscher Oberlehrer, Leipzig 1916

S. 130 und S. 131: [Voigt, Hermann (u. a.)]: 43 Jahre Kaiser-Friedrich-Schule, seit dem Jahre 1938 „Schlüterschule", 1897-1940, [Berlin 1940]

Guy Stern, Wehen und Nachwehen des Ersten Weltkriegs

S. 140 und S. 144: Guy Stern

ZU IHRER INFORMATION

- HAUS DER GESCHICHTE
  BADEN-WÜRTTEMBERG

- MUSEUM ZUR GESCHICHTE VON
  CHRISTEN UND JUDEN, LAUPHEIM

- LAUPHEIMER GESPRÄCHE –
  TAGUNG UND PUBLIKATIONSREIHE

- FREUNDESKREIS DES MUSEUMS
  ZUR GESCHICHTE VON CHRISTEN
  UND JUDEN IN LAUPHEIM

Haus der Geschichte Baden-Württemberg

SCHÖNE AUSSICHTEN – GESCHICHTE ALS ERLEBNISRAUM

Spannende Begegnungen mit Landesgeschichte in modernster Architektur? Dass dies möglich ist, belegt das Haus der Geschichte Baden-Württemberg schon von außen eindrucksvoll. Seine außergewöhnliche Optik an der Stuttgarter Kunst- und Museumsmeile mit überraschenden Ein- und Durchblicken fällt ins Auge und lockt den Besucher auf eine Zeitreise ins Innere. Spätestens wenn man das neugierig machende, augenzwinkernde „Baden-Württemberg-ABC" passiert hat, wird klar: Hier geht es um eine ganz besondere Annäherung an Landesgeschichte.

AUS DEM RAHMEN FALLEN

Die Dauer- und Wechselausstellungen im Haus der Geschichte Baden-Württemberg visualisieren Geschichte als lebendigen Erlebnisort. Originalobjekte, Filme, Tonaufnahmen, Fotos und interaktive Stationen gehen in spannenden Inszenierungen eine Wechselwirkung ein. So erhalten alle Ausstellungen des Hauses eine ganz eigene Prägung: Raum, Thema und Objekte verschmelzen zu einer wirkungsvollen Einheit und erlauben ungewohnte Sichtweisen.

SCHNELLKURS IM STAUNEN

Nicht nur gestalterisch fällt das Haus der Geschichte aus dem Rahmen, auch thematisch gehen seine Ausstellungen besondere Wege. Die Geschichte Südwestdeutschlands von 1790 bis heute wird anhand von Einzelschicksalen, der Alltagshistorie und der großen Landespolitik im wahrsten Sinne des Wortes bildhaft. Von Napoleon bis zum Stuttgart-21-Bauzaun bringen einen mehr als 200 Jahre Landesgeschichte zum Staunen. Dem chronologischen Gang durch die Zeiten folgen faszinierende Themenräume wie „Schwarzwald", „Migration" oder „Nachbar Frankreich". Im Sommer 2012 wurde die Abteilung „Religionen und Konfessionen" neu eröffnet.

GANZ SCHÖN VIEL LOS

Ein umfangreiches Begleitprogramm vertieft die Themen und garantiert einen kreativen Zugang zur Landeskunde für junge wie für ältere Besucher. Geschichte neu erleben – das Haus der Geschichte Baden-Württemberg steht dafür.

INFORMATIONEN:

Haus der Geschichte Baden-Württemberg
Ausstellungsgebäude: Konrad-Adenauer-Str. 16, 70173 Stuttgart
Verwaltung: Urbansplatz 2, 70182 Stuttgart
Tel.: 0711 / 212 39 50, Fax: 0711 / 212 39 59
E-Mail: hdg@hdgbw.de
www.hdgbw.de
Besucherdienst: besucherdienst@hdgbw.de
Spezielle Angebote für Kinder und Jugendliche:
www.hdgbw.de/termine/kids/

Museum zur Geschichte von Christen und Juden, Laupheim

Einst beheimatete das oberschwäbische Laupheim eine der größten jüdischen Gemeinden Württembergs. Über zweihundert Jahre lang prägte das Neben-, Mit- und Gegeneinander von Christen und Juden diesen Ort. Christliche wie jüdische Laupheimer hatten maßgeblichen Anteil an der Stadtentwicklung und engagierten sich gleichermaßen im wirtschaftlichen, politischen und gesellschaftlichen Geschehen der Gemeinde und weit darüber hinaus.

Die wechselvolle Beziehungsgeschichte von christlicher Mehrheit und jüdischer Minderheit ist Thema einer Dauerausstellung, die das Haus der Geschichte Baden-Württemberg für Laupheim erarbeitet hat. Diese bislang einzigartige Konzeption zeichnet in Schloss Großlaupheim die zentralen Entwicklungslinien der deutsch-jüdischen Geschichte nach und veranschaulicht am Beispiel Laupheims die verschiedenen Etappen des Zusammenlebens. Dabei reicht die Zeitspanne von den Anfängen der jüdischen Gemeinde im 18. Jahrhundert bis in die Zeit nach 1945.

Bilderreich und anschaulich nacherzählte Biographien dokumentieren beispielhaft schicksalsreiche Lebenswege. So verwirklichte der gebürtige Laupheimer Carl Laemmle (1867-1939) den amerikanischen Traum vom Laufburschen zum erfolgreichen Geschäftsmann: Er ging nach Hollywood, gründete die berühmten Universal-Studios und schrieb damit Filmgeschichte.

Der beeindruckende wirtschaftliche und soziale Aufstieg einer jüdischen Unternehmerfamilie spiegelt sich besonders in der Geschichte der Steiners wider. Ihre Firmengründungen trugen maßgeblich zur wirtschaftlichen Entwicklung nicht nur Laupheims bei. Kilian von Steiner (1833-1903), der berühmteste Exponent dieser Familie, tat sich in besonderem Maße als Bankier, Industrieller und Mäzen im Königreich Württemberg hervor.

Entrechtung und Verfolgung der Juden setzten unmittelbar nach der Machtübernahme der Nationalsozialisten ein. Das Dritte Reich zerstörte die christlich-jüdische Koexistenz: Am 19. August 1942 hörte die jüdische Gemeinde in Laupheim auf zu existieren. Damals wurden die letzten Juden aus Laupheim abtransportiert, viele waren schon in den Jahren zuvor geflohen.

Der schwierigen Annäherung von Christen und Juden nach 1945 widmet sich das Museum gleichermaßen. Trotz überaus leidvoller Erfahrungen nahmen einige Laupheimer Juden wieder Verbindung mit ihren einstigen christlichen Nachbarn auf: Wiederbegegnung und Erinnerung an die gemeinsame Geschichte weisen den Weg in die Zukunft.

INFORMATIONEN:

Museum zur Geschichte von Christen und Juden, Laupheim
Schloss Großlaupheim
Claus-Graf-Stauffenberg-Straße 15
88471 Laupheim
Tel.: 07392 / 968 000, Fax: 07392 / 968 00 18
E-Mail: museum@laupheim.de
www.museum-laupheim.de

Träger: Stadt Laupheim
Konzeption: Haus der Geschichte Baden-Württemberg

Laupheimer Gespräche – Tagung und Publikationsreihe

Einmal im Jahr finden sich internationale Gäste in Schloss Großlaupheim zu einer Tagung zusammen, die vom Haus der Geschichte Baden-Württemberg konzipiert und von der Stadt Laupheim organisatorisch unterstützt wird. Diese Veranstaltung steht allen Interessierten offen.

Die Beiträge der Laupheimer Gespräche werden vom Haus der Geschichte Baden-Württemberg herausgegeben. Die Bände dieser Reihe erscheinen seit 2003 im Universitätsverlag Winter, Heidelberg, und sind über den Buchhandel erhältlich.

Informationen:

www.hdgbw.de/termine/laupheimer-gespraeche/

- **Tagung 2014**: „Der verwaltete Raub" –
  „Arisierung" und Versuche der Wiedergutmachung
  Der Tagungsband wird 2015 erscheinen.

- **Tagung 2013**: „Hoffet mit daheim auf fröhlichere Zeit" –
  Juden und Christen im Ersten Weltkrieg
  Der Tagungsband erschien unter dem Tagungstitel, Heidelberg 2014.

- **Tagung 2012**: „Grau ist bunt" – Vom Älterwerden und Alter
  im Judentum mit Ausblicken auf das Christentum
  Der Tagungsband erschien unter dem Titel: „Ich glaube an das Alter,
  lieber Freund" – Vom Älterwerden und Alter (nicht nur) im Judentum,
  Heidelberg 2013.

- **Tagung 2011**: Jüdische Kindheit und Jugend
  Der Tagungsband erschien unter dem Tagungstitel, Heidelberg 2012.

- **Tagung 2010**: Jüdische Feste – gelebter Glaube
  Der Tagungsband erschien unter dem Tagungstitel, Heidelberg 2012.

- **Tagung 2009**: Helfer im Verborgenen –
  Retter jüdischer Menschen in Südwestdeutschland
  Der Tagungsband erschien unter dem Tagungstitel, Heidelberg 2012.

- **Tagung 2008**: Antisemitischer Film
  Der Tagungsband erschien unter dem Titel:
  Antisemitismus im Film, Heidelberg 2011.

- **Tagung 2007**: Der christlich-jüdische Dialog im deutschen
  Südwesten in Vergangenheit und Gegenwart
  Der Tagungsband erschien unter dem Titel:
  Der christlich-jüdische Dialog, Heidelberg 2010.

- **Tagung 2006**: Juden und Sport im deutschen Südwesten
Der Tagungsband erschien unter dem Titel: „Vergessen die vielen Medaillen, vergessen die Kameradschaft" – Juden und Sport im deutschen Südwesten, Heidelberg 2010.

- **Tagung 2005**: Der Umgang mit der Erinnerung an jüdisches Leben im deutschen Südwesten
Der Tagungsband erschien unter dem Titel: Der Umgang mit der Erinnerung – Jüdisches Leben im deutschen Südwesten, Heidelberg 2010.

- **Tagung 2004**: „Welche Welt ist meine Welt?" – Jüdische Frauen im deutschen Südwesten
Der Tagungsband erschien unter dem Tagungstitel, Heidelberg 2009.

- **Tagung 2003**: Jüdische Kunst- und Kulturschaffende aus dem deutschen Südwesten
Der Tagungsband erschien unter dem Titel: Jüdische Künstler und Kulturschaffende aus Südwestdeutschland, Heidelberg 2009.

- **Tagung 2002**: Jüdische Unternehmer und Führungskräfte im 19. und 20. Jahrhundert
Der Tagungsband erschien unter dem Titel: Jüdische Unternehmer und Führungskräfte in Südwestdeutschland 1800-1950. Die Herausbildung einer Wirtschaftselite und ihre Zerstörung durch die Nationalsozialisten, Berlin 2004.

- **Tagung 2001**: Auswanderung, Flucht, Vertreibung, Exil im 19. und 20. Jahrhundert
Der Tagungsband erschien unter dem Tagungstitel, Berlin 2003.

- **Tagung 2000**: Nebeneinander. Miteinander. Gegeneinander? Zur Koexistenz von Juden und Katholiken in Süddeutschland im 19. und 20. Jahrhundert

**Freundeskreis des Museums zur Geschichte
von Christen und Juden in Laupheim**

Am 12. Dezember 2007 wurde der Freundeskreis des Museums zur Geschichte
von Christen und Juden in Laupheim aus der Taufe gehoben.

VIELFALT ALS CHANCE – DIE GEMEINSAME GESCHICHTE VON CHRISTEN UND JUDEN

Ziel dieses eingetragenen Vereins ist laut Satzung „die Förderung und Pflege
des Museums zur Geschichte von Christen und Juden und des Gedenkens der
jüdischen Geschichte in Laupheim und Umgebung, insbesondere die ideelle
und materielle Unterstützung des Museums bei seinen Aktivitäten". Die ge-
sammelten Spenden und Beiträge finden Verwendung „für Vorträge und Ver-
anstaltungen, für didaktische Publikationen und Aktionen, vor allem für
Schüler und Jugendliche, für Werbemaßnahmen und Publikationen, für den
Erwerb von Sammlungen und Exponaten". Eine eigenständige Stiftung steht
dem Verein zur Seite und unterstützt begleitend seine Ziele.

GRENZENLOS

Auch über die Grenzen von Laupheim hinaus sollen neue Vereinsmitglieder
gewonnen werden, „die sich positiv mit der gemeinsamen christlich-jüdischen
Geschichte auseinandersetzen, Laupheim und dem Museum verbunden füh-
len", plädiert Dr. Nikolaus F. Rentschler in einer Pressemitteilung vom 12. Dezember 2007 für die Erweiterung des Freundeskreises.

EINE EINZIGARTIGE CHANCE

Der Freundeskreis macht sich für das Laupheimer Museum als einzigartige Chance zum lernenden Nachdenken stark. Es verdeutlicht die Geschichte von Menschlichem und unvorstellbar Unmenschlichem und offenbart die Notwendigkeit von Toleranz und Weltoffenheit für ein konstruktives Zusammenleben in gegenseitigem Verständnis – denn alles Zukünftige baut auf Vergangenem auf.

INFORMATIONEN:

Dr. Nikolaus F. Rentschler
Mittelstraße 18
88471 Laupheim
Tel.: 07392 / 701 207, Fax: 07392 / 701 206
E-Mail: fmcj.laupheim@rentschler.de

Freundeskreis
des Museums zur Geschichte von
Christen und Juden in Laupheim e.V.